LA SYMBOLIQUE RELIGIEUSE DU FAIT MATHÉMATIQUE

Les impliqués Éditeur

Structure éditoriale récente fondée par L'Harmattan, Les Impliqués Éditeur a pour ambition de proposer au public des ouvrages de tous horizons, essentiellement dans les domaines des sciences humaines et de la création littéraire.

Déjà parus

Étoughé-Éfé (Jean-Émery), *Pasteur Félix Efé*, essai, 2017.

Eon (Jean-Christophe), *Dame Sarakosti d'Alexandroupoli*, poésie, 2017.

Serizel (Jacques) et Roudaire (Armelle), *Parcours de VAE en milieu carcéral, Histoires de vies collectives et croisements expérienciels*, récit, 2017.

Bertrand (Céliante) et Lotito (Gaston), *L'amour menteur*, récit, 2017.

Gatt (Joffrey), *Améliorer votre relationnel professionnel*, essai, 2017.

Lokola Elemba (Gaston-Michel), *Mon père et sa progéniture*, témoignage, 2017.

Doui (Pierre Stéphane), *Hémorragies*, nouvelles, 2017.

Smaïli (Kamel), *Islam : méconnaissance et malentendu*, essai, 2017.

De Puytorac (Pierre), *La complainte des éleveurs de bovins*, essai, 2017.

Otizié Goïta (Marc), *Et la pierre eut raison du fer…*, essai, 2017.

Ces dix derniers titres de ce secteur sont classés par ordre chronologique en commençant par le plus récent.
La liste complète des parutions, avec une courte présentation du contenu des ouvrages, peut être consultée sur le site :
www.lesimpliques.fr

Georges Collombat

La symbolique religieuse du fait mathématique

essai

Les impliqués Éditeur

21 bis, rue des écoles, 75005 Paris

www.lesimpliques.fr
contact@lesimpliques.fr

ISBN : 978-2-343-08676-7
EAN : 9782343086767

L'illustration de la couverture est extraite de « l'École d'Athènes », de RAPHAEL que l'on peut voir à Rome, au Palais du Vatican, Salle de la Signature.

Fondée par Platon au 4e siècle avant Jésus-Christ, l'École d'Athènes fut, avec celle d'Alexandrie, un des plus grands foyers de la culture grecque, qui donna au monde de grands mathématiciens. La tradition et l'esprit de cette Académie furent maintenus ininterrompus jusqu'au 4e siècle après Jésus-Christ.

Je dédie ce livre à ma grand-mère Berthe CANTILLON
Dont les mains usées par les travaux ménagers
Ont su se joindre pour m'apprendre à prier.

« Je te remercie, ô Père, d'avoir caché ces choses aux docteurs et aux sages et de les avoir révélées aux humbles et aux petits. »

Évangile de Luc, X, 21.

PRÉSENTATION

Ce livre a été écrit par un professeur de mathématique à la retraite.

C'est la raison pour laquelle on trouvera parfois des anecdotes personnelles ou pédagogiques. Bien qu'il fût universitaire, l'enseignement que l'auteur a dispensé, trente-cinq ans durant, était élémentaire, de l'ordre de ce qui s'enseigne dans les premières années d'université du monde d'aujourd'hui. Aussi on ne trouvera que rarement dans ce livre des références précises aux mathématiques du 20e siècle, pourtant riches en paradoxes et symboles religieux.

Ce livre a été écrit par un chrétien de confession catholique, mais les références à tout ce qui constitue le fond religieux commun à l'humanité sont nombreuses. Il n'est qu'une sagesse et elle est universelle.

Le verbe latin « rélégéré » signifie « relier ». On lui accorde d'être l'étymologie du mot « religion ».

Le fil conducteur de ce livre nous fera ainsi passer insensiblement du sens profane du mot « relier » : les mathématiques relient les hommes entre eux, au sens religieux du mot « relier » : les mathématiques relient les hommes au monde invisible, pour déboucher sur quelques symboles de la Révélation judéo-chrétienne inscrits dans la trame de Calcul, de son histoire et de sa pratique.

Il va de soi que ce livre exclut toute espèce de preuve. Cet explorateur audacieux et pacifique des ensembles infinis que fut Georg CANTOR a dit : « *L'essence des mathématique réside dans leur liberté.* » Ce livre doit être regardé comme une œuvre d'imagination dépourvue de prétention scientifique, une méditation sur l'histoire, celle de la pensée comme celle du Salut, un poème sur la raison, la solide et lumineuse raison, donnée à l'homme, non pas pour se suffire à lui-même, mais pour mieux canaliser ses passions et les diriger vers le mystère d'Amour de qui il procède.

Dans ce livre, il sera souvent fait référence au Mystère Trinitaire. Il est bon de rappeler brièvement ce qui constitue, pour les chrétiens, ce mystère.

Le Mystère de la Trinité est un peu trahi dans son essence quand on le résume à être celui d'un Dieu Unique en Trois Personnes : le Père, le Fils et le Saint-Esprit. C'est plutôt dans la relation d'amour entre ces trois personnes, amour donné, amour accueilli, amour unissant, qu'il réside. Le Père, le Fils et l'Esprit sont, en quelque sorte, trois grands pauvres qui ne s'appartiennent pas, qui se reçoivent chacun d'un autre, qui ne reçoivent que pour donner. Chacun n'existe que par et pour l'autre et même les deux autres. L'image de l'enfant qui ne vit que par et pour ses parents et qui est toute leur joie, celle des époux, qui, aux heures claires de l'amour, vivent une dépendance mutuelle confiante, éclairent lointainement ce mystère divin. Qu'est-ce que la Création du monde d'ailleurs ? Peut-être, l'effet d'une joie si débordante entre les Personnes Divines qu'Elles n'ont pu la garder pour Elles et ont pris le risque de la faire partager…

Le Mystère Trinitaire est déjà présent, en filigrane, tout au long de l'histoire de l'Ancienne Alliance conclue entre Dieu et le peuple qu'Il s'est choisi pour entrer dans notre histoire.

Les traces bibliques qui annoncent la Trinité Divine sont nombreuses et variées. Les unes contiennent l'un ou l'autre des noms des Personnes Divines : Père, Fils, Verbe ou Parole, Esprit ou Souffle. Les autres font pressentir une pluralité en Dieu. L'exemple, peut-être le plus poétique, est l'apparition de trois anges à Abraham, venus annoncer une bonne nouvelle : celle de l'amour et de la fécondité qui reviennent visiter Abraham et Sara. Le récit biblique fait alterner le singulier et le pluriel pour désigner les visiteurs.

Mais cette présence trinitaire dans l'Ancienne Alliance demeure cachée, comme voilée.

C'est Jésus-Christ qui, en venant habiter parmi nous, nous a révélé le Mystère Trinitaire. Il l'a fait par sa parole, certes, mais plus encore, Il nous l'a révélé par sa vie vécue en communion intime avec son Père, sous l'impulsion de l'Esprit. L'héritage qu'Il laisse à ses disciples, héritage d'où est née l'Église, tient peut-être dans cette exhortation que l'on peut trouver dans l'évangile de Jean au verset 21 du chapitre 17 : « *Comme Toi, Père, tu es en moi et moi en Toi, qu'ils soient un en nous eux aussi, pour que le monde croie que c'est Toi qui m'as envoyé.* »

Quand on y regarde de près, on peut aussi déceler dans beaucoup de croyances qui ont précédé le Christianisme ou qui lui ont succédé, une annonce indirecte et lointaine du mystère chrétien de la Trinité : Dieu est Un en Trois personnes. Citons seulement, parmi d'autres, les trois aspects d'Ormuzd, dieu mazdéen de l'ancien Iran, les trois corps de Bouddha, la triple forme du divin dans l'Hindouisme avec Brahmâ, Vishnu et Civa, le dieu suprême Illapa des anciens Péruviens constitué de trois personnes, le père et ses deux fils, les trois grandes figures de la mythologie norvégienne : Wotan, Thor et Freyr qui sont à l'origine des mots anglais Wednesday, Thursday et Friday. Seul l'Islam nie farouchement tout ce qui lui semble porter atteinte à l'unicité du Créateur. Et pourtant, le Livre Saint des musulmans, le Coran, accorde un « vous » à la parole présentée comme divine. Et pourtant, la culture musulmane, qu'il faut distinguer de la religion, nous offre ce beau proverbe en lequel on peut voir – certes très indirectement – la trace d'un Dieu pluriel en Son Unité :

« *On ne peut applaudir avec une seule main.* »

Je remercie Monique, Perrine et Pierre, de Saint-Alban Leysse, d'avoir œuvré à la dactylographie de ce livre. Je remercie Michèle, de Cognin, de l'avoir corrigé et Noëlle, de Saint-Alban Leysse, de l'avoir illustré. Je remercie le chanoine Therme d'avoir relu mon travail et de l'avoir utilement nuancé. Je remercie enfin l'Esprit-Saint de m'avoir permis, par cet écrit, de Lui rendre ce qui Lui revient.

CHAPITRE 1

La mathématique, langage horizontal : elle relie les hommes entre eux et à la création

1. LA MATHÉMATIQUE RELIE LES HOMMES À TRAVERS L'ESPACE

Cet hiver là – ce devait être en 1984 – nous avions loué une pièce de notre maison à une étudiante suédoise venue apprendre le français à Chambéry. En nous quittant, elle nous avait invités à lui rendre visite dans sa ferme familiale d'Östersund près du lac Stoijov.

Nous voilà donc, un an plus tard, cheminant par le train depuis Stockholm en direction de la ferme de Christina Almen. Le paysage suédois est plutôt monotone : à perte de vue des forêts, encore des forêts, toujours des forêts… Cette uniformité engendra chez moi l'ennui. Je finis par sortir un bout de papier et un crayon avec la ferme intention d'en finir avec un théorème que je souhaitais généraliser.

Sur la même banquette en bois du train, mon voisin manifesta alors une certaine agitation. Je compris que c'était de l'intérêt pour les formules dont je noircissais le papier. Curieux ! Se pouvait-il que l'homme fût mathématicien ? En dépit de sa tenue campagnarde, c'en était effectivement un. Et le miracle se produisit alors.

Lui, parlant suédois, et moi, français, les symboles tracés sur le papier me suffirent à lui expliquer que je cherchais à généraliser le théorème de KAPLANSKY. KAPLANSKY est un savant dont on ne trouve que rarement le nom dans les livres d'histoire des mathématiques. L'homme n'a laissé sa trace que par deux lemmes, c'est à dire deux théorèmes mineurs, de Combinatoire qui permettent de dénombrer les sélections de k éléments « non-voisins » parmi n éléments alignés ou disposés en cercle. Par exemple, le premier lemme de KAPLANSKY nous dit qu'il y a 56 manières de choisir 3 places « non voisines » dans une rangée de 10 fauteuils de cinéma.

Ce matin-là, un Suédois, un Français et un Polonais vraisemblablement émigré aux États-Unis et d'origine juive, étaient « reliés » par cet étrange langage, qui appartient à tous, mais que nul ne peut déchiffrer sans une longue initiation.

Les mathématiques de nos jours sont universelles. On estime à plus de 200 000 théorèmes la production annuelle des mathématiciens dans le monde. La seule communauté des mathématiciens américains comporte 100 000 membres, avec des proportions analogues pour tous les pays développés ou en voie de développement. Il va sans dire que la plupart des résultats trouvés sont très techniques et qu'en général, un mathématicien ne comprend pas de quoi parle un autre mathématicien. La « langue » mathématique elle-même, dans ses notations comme dans ses conventions conceptuelles, semble assez universelle. Certes, il arrive que des notations, des définitions, voire certaines règles logiques, divergent d'un point à l'autre de la planète, mais pour l'essentiel « l'espéranto » mathématique se porte bien.

2. LA MATHÉMATIQUE RELIE LES HOMMES À TRAVERS LE TEMPS

Pour celui qui étudie l'histoire de l'humanité, et plus particulièrement l'histoire des idées, la permanence du fait mathématique est frappante.

Les plus anciennes traces de calcul repérées le furent sur un os de loup, en Tchécoslovaquie, dans des sédiments datant de 30 000 ans. Parmi les plus connues, on peut citer ensuite les mathématiques babyloniennes et chinoises. Les livres chinois où se retrouvent des recettes de calcul sont d'abord le « *I-King* », où figurent les carrés magiques, mais surtout le « *Chou-Peï* », où apparaît le théorème de Pythagore. Dressons un très bref tableau du relais que les hommes ont pris pour transmettre le flambeau de la pensée mathématique.

- ***17 siècles avant Jésus-Christ,*** on peut apercevoir une période égyptienne, dont le champ de développement englobe les fractions et un peu de Géométrie. Un seul savant de cette période nous est connu : le scribe AHMES.

- ***Du 6e siècle avant l'ère chrétienne au 5e siècle après,*** se place la belle éclosion grecque, consacrée à la Géométrie, l'Arithmétique et la Trigonométrie. Citons trois savants : THALES, PYTHAGORE, EUCLIDE. C'est à PYTHAGORE que revient une phrase que j'aurais pu mettre en exergue de ce livre : « *L'homme est fait pour contempler le Ciel.* »
- ***Puis vient la période arabe, de l'an 800 à l'an 1400 environ,*** caractérisée par le développement de l'Algèbre, de la Trigonométrie et de l'Astronomie. Citons encore trois savants : AL-KWARITZMI, qui a donné en français le mot algorithme, AL-KARAGI et AL-KASHI.
- ***La période allant de l'an 1200 à l'an 1600,*** peut être plutôt qualifiée d'italienne. On y invente les Nombres Complexes. Citons de nouveau trois savants : FIBONACCI, CARDAN, BOMBELLI.
- ***De l'an 1600 jusqu'à l'aube du 20e siècle,*** l'Europe toute entière, mais surtout la France par ses savants de l'époque révolutionnaire, participe au développement du Calcul, en particulier du Calcul Différentiel et Intégral. Citons trois noms commis : PASCAL, NEWTON, LEIBNIZ.
- ***Depuis 1850,*** l'activité mathématique a pris corps d'abord dans tout le monde occidental, en particulier aux U.S.A. ensuite en U.R.S.S., puis partout ailleurs. Elle est aujourd'hui, à des degrés divers, universelle.

Cette brève rétrospective montre bien que tous les peuples et toutes les civilisations ont apporté leur contribution au patrimoine mathématique. Et encore avons-nous oublié les mathématiques mayas, aztèques, hindoues et le formidable élan qu'a donné la science depuis deux siècles à la diaspora juive pour qu'elle reprenne sa place dans le dialogue des peuples.

Dans l'histoire des civilisations, on ignore ce qui a pu favoriser la créativité mathématique. Celle-ci a pu être inhibée au profit d'autres formes de culture. Ainsi, le « peuple choisi » de l'Ancienne Alliance n'a pas porté de fruits remarquables en ce domaine, tout au long d'une histoire par ailleurs très riche. On a pu remarquer, cependant, et cela est à mettre au compte de la relation entre Mathématique et Histoire, que chaque grande avancée de l'humanité sur le plan social ou religieux, s'accompagnait dans les décennies ou siècles qui suivaient d'une « poussée » mathématique et cela, même quand cette révolution s'enfantait dans la violence. Ce fut le cas après l'instauration de l'Islam, après la révolution française, après la révolution russe de 1917. Comme toute culture, les mathématiques ont besoin, pour éclore, d'un climat idéologique stable. Cette permanence de l'activité mathématique à travers le temps et l'espace s'explique, bien sûr, par la nécessité du calcul et de l'esprit d'abstraction pour maîtriser la nature et l'échange humain.

Ainsi, les Égyptiens sont devenus géomètres à cause des eaux du Nil qui faisaient disparaître les limites visibles des propriétés agricoles. Toutefois, de tout temps, l'activité mathématique a très vite dépassé le calcul utile pour s'attarder sur le calcul désintéressé. Aussi, cette extraordinaire capacité du Calcul à relier les hommes entre eux à travers le temps et l'espace peut-elle être comparée à l'Art.

3. LA DÉMONSTRATION, POINT D'ARTICULATION DE CETTE RELATION

La relation humaine suscitée par la discipline mathématique s'appuie sur une capacité universelle de l'homme, celle de distinguer le vrai du faux, un peu comparable à celle de distinguer le beau du laid. Partout ailleurs, la capacité de distinguer la vérité de l'erreur est toujours entachée de subjectivité. Ce n'est que dans le champ de la logique mathématique que cette capacité apparaît nette, dégagée de ses scories affectives. C'est cette singularité de l'activité mathématique qui a fait dire à Madame de Staël : « *Rien n'est moins applicable à la vie qu'un raisonnement mathématique. Une proposition, en fait de chiffres, est décidément vraie ou fausse ; sous tous les autres rapports, le vrai se mêle au faux.* »

Risquons une anecdote historique. Pendant la révolution culturelle chinoise, toute influence occidentale fut bannie de l'éducation. Même les théories physiques ou chimiques furent suspectées de « révisionnisme bourgeois ». Seule la mathématique échappa au soupçon…

Cette singularité de la preuve logique explique l'importance de la démonstration en mathématique : un résultat ne vaut que par la manière dont on le présente aux autres et dont ceux-ci l'acceptent.

Voici un exemple de problème et de plusieurs démonstrations, étagées dans l'histoire des mathématiques, qu'on peut lui appliquer pour en trouver la solution.

n étant un nombre entier quelconque, on veut évaluer la somme des n premiers nombres entiers : $S_n = 1 + 2 + 3 + \ldots + n$.

- **Le « pas » de l'abstraction mathématique**

Remarquons d'abord que nous avons franchi une frontière. Tant qu'on calcule 1+2 + 3 = 6 ou 1+2 + 3 + … + 100 = 5050, nous ne faisons pas de mathématique, seulement du calcul. Quand on cherche une formule ou une méthode valable pour tout entier n, n n'étant pas précisé, cela devient un vrai problème mathématique.

Cette aptitude à ne pas préciser n, à l'ajuster à la valeur souhaitée est, à un autre niveau de l'Évolution, un peu comparable à cette frontière franchie par notre ancêtre,

« l'homo habilis », quand il créa l'outil, il y a environ deux à trois millions d'années de cela. Car même si l'outil est fabriqué dans une intention précise, il l'est en vue d'un usage plus large, en quelque sorte indéterminé en lui-même.

La seconde de ces démonstrations est due vraisemblablement au mathématicien arabe AL-BANNA, qui vécut au Maroc de 1256 à 1321. Cette preuve, comme celle qui la précède, a un caractère si indiscutable qu'un enfant pourrait la comprendre.

- **Démonstration graphique**

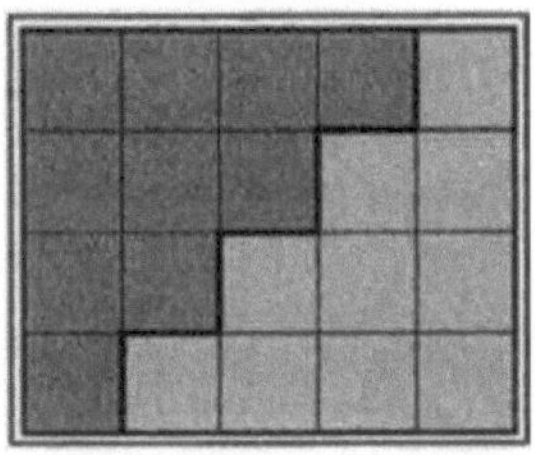

Si l'on imagine que chacun des deux escaliers emboîtés, figurés ci-contre, ont n marches plutôt que quatre, ils s'inscriront dans un rectangle des dimensions n et (n + 1) plutôt que 4 et 5. On aperçoit alors que $2S_n = n(n + 1)$. On a là un exemple éloquent de la simplicité démonstrative des mathématiques chinoises du début de l'ère chrétienne.

- **Démonstration arithmétique**

Rangeons cette somme sur une ligne. Rangeons maintenant sur une ligne en dessous les mêmes entiers dans l'ordre décroissant : n + (n - 1) + (n - 2)…, jusqu'à 1, de telle sorte que le 1 soit au-dessus de n, le 2 au-dessus de n - 1, etc… jusqu'au n au-dessus de 1. Ajoutons maintenant ces deux lignes. On remarque alors qu'à chaque fois apparaît la quantité (n + 1) et cela n fois puisqu'il y a n chiffres au départ. Ainsi, le double de la somme S_n cherchée sera égal à n fois (n + 1), et la somme S_n cherchée sera la moitié de n fois (n + 1), soit $S_n = n (n + 1)/2$.

- **Démonstration algébrique**

Dans l'identité algébrique connue $(1 + x)^2 = 1+2x+x^2$, donnons à x les valeurs 0, 1, 2..., n, ajoutons et simplifions en cascade. Il vient : $(1 + n)^2 = (1 + n) + 2S_n$, d'où l'on tire $S_n = n(n + 1)/2$.

- **Démonstration par récurrence**

Nous devons ce type de démonstration à Francesco MAUROLICO. Ce moine passa presque toute sa vie dans sa chère Sicile où il mourut dans sa ville natale, Messine, en 1575. Le principe de cette démonstration, qui ne vaut que pour des problèmes où entre en jeu un entier n quelconque, demande de connaître la formule que l'on cherche à prouver. Dans le cas présent, on cherche à prouver que $S_n = n(n + 1)/2$. On remarque d'abord que la formule est vraie pour n =1, car 1 = (1 x *2)12*. Supposons la formule vraie pour n quelconque (n > 1). Alors $S_n +1 = n(n + 1)/2 + (n + 1) = (n + 1)(n/2 + 1) = (n + 1) (n/2 + 2/2) = (n + 1)(n$ + *2)12*. Nous avons montré que la formule est encore vraie à l'ordre n + 1. De proche en proche depuis 1, la formule est donc vraie pour tous les entiers.

- **Démonstration différentielle**

On sait que la somme partielle d'une progression géométrique de raison x : $1 + x + x^2 + \ldots + x^n$ est donnée par $(1 - x^{n+1}/(1 - x)$. On remarque alors que la somme S_n cherchée est la valeur de la dérivée du premier membre pour x = 1. Il suffit de dériver le second membre, selon les règles en usage, puis de faire x = 1 dans l'expression trouvée pour retrouver $S_n = n(n + 1)/2$.

La simplicité de l'exemple choisi pour mettre en relief l'aptitude universelle à reconnaître le vrai sous sa forme logique ne doit pas nous cacher l'extrême complexité de certaines démonstrations.

Qui n'a entendu parler du dernier théorème de FERMAT et du défi qu'il a présenté pour les mathématiciens, plus de trois siècles durant ? Le mathématicien français Pierre de FERMAT, magistrat de son état, mourût en 1665. Son fils réédita alors le livre « *Arithmética* » du grec DIOPHANTE dont les marges étaient abondamment annotées par FERMAT. Une de ses notes est devenue l'une des conjectures les plus célèbres de l'histoire des mathématiques. Dans cette note, le mathématicien affirmait avoir trouvé « *une démonstration merveilleuse* », en latin « *mirabilis* », du résultat suivant : « *L'équation* $x^n + y^n = z^n$ *n'a pas de solutions entières dès que l'entier n dépasse 2.* » Cette note précisait que la marge était trop petite pour contenir cette preuve.

Des siècles durant, les mathématiciens les plus anonymes comme les plus éminents se sont évertués à retrouver la preuve « merveilleuse » ou en tout cas une preuve. En vain. Il revient à l'Anglais Andrew WILES de l'avoir fait en 1994. Véritable mémorial de tout un pan des mathématiques modernes, cette démonstration tient en un millier de pages !

Du côté du « mirabilis », c'est plutôt raté. FERMAT s'était-il fourvoyé et avait-il seulement cru démontrer ?

Mais si l'on songe à la fantastique relation humaine suscitée à travers le temps et à travers l'espace par cette énigme, cela est quelque chose de plus éloquent. C'est le cas de redire, avec le philosophe allemand Ephraïm LESSING : « *La recherche de la vérité est plus précieuse que l'assurance de sa possession.* »

4. RELATION, MAIS LAQUELLE ?

Ainsi, toute austère qu'elle paraisse, dame mathématique crée une étrange relation sociale entre les hommes à travers le temps et l'espace.

Nous avons là un premier reflet du mystère créateur que nous avons appelé Mystère Trinitaire. Le premier chapitre de la Genèse, dans la Bible, nous dit en effet : « *Dieu créa l'homme à son image.* » Nous sommes des êtres de relation, appelés à la relation, parce que Dieu lui-même, dans son insondable mystère, est un être de relation.

Comment, alors, situer la relation mathématique, dans le champ immense de la relation humaine ?

Dans le train qui, au début de ce livre, nous emportait vers Östersund, il y avait dans l'air bien d'autres motifs d'universalité qu'une formule mathématique. Une jolie fille passant par-là ou le fumet d'un rôti s'échappant du wagon-restaurant, voilà aussi de quoi se « relier »… Quelqu'un nous aidera-t-il à y voir clair dans cet immense registre de la relation humaine ?

Oui, ce quelqu'un existe, il s'appelle BLAISE PASCAL. Il est né à Clermont-Ferrand en 1623 et il s'honore d'avoir été un mathématicien doublé d'un philosophe. Pour autant que je ne trahisse pas sa pensée, Pascal distingue, justement dans ses « *Pensées* » trois ordres de la relation humaine.

Le premier ordre de la relation humaine est celui du sensible, de ce qui nous est commun avec l'animal, d'où le divin n'est pas exclu, loin de là. Ainsi tous les hommes sur terre sont sensibles à la beauté physique, au confort, à la satisfaction des besoins du corps.

Le second ordre nous différencie de l'animal. La faculté abstraite y voisine avec la sensibilité artistique et toutes les formes de la culture. Elle fonde ce qu'on appelle la Connaissance, parce qu'on renaît à soi-même en s'élevant au-dessus de l'instinct. C'est en cet ordre que l'on peut situer la relation mathématique.

Ce second ordre, cependant, doit sainement laisser la première place à celui du don de soi et de l'altruisme. Pour vivre et grandir, la relation humaine a sans doute plus besoin de cœur que d'intelligence, et parfois d'héroïsme, mais l'un n'empêche pas l'autre, bien sûr. PASCAL appelait cet ordre celui de la charité.

Le trait de génie de Pascal ne me semble pas tant résider dans la distinction en trois ordres que dans le fait d'avoir placé la charité au-dessus de la Connaissance. Un détail des Évangiles m'a toujours interrogé. Ceux qu'on appelle les rois mages étaient vraisemblablement des savants, peut-être des mathématiciens. Ils ont osé quitter pays, famille et université pour suivre une étoile dans le ciel. Cette étoile, qui était peut-être aussi dans leur cœur, les a menés jusqu'à l'enfant à l'étable, celui-là même qui avait créé les étoiles. Leur science ne les a pas perdus. Mais ils sont arrivés près du Roi de l'Univers **après** les bergers qui gardaient leurs troupeaux dans les environs.

Ainsi, en est-il un peu de la « vérité » d'une preuve logique. La vérité rationnelle, et à travers elle la vérité idéologique, participe de la Vérité, mais ne peut jamais l'englober toute entière. Car la vérité est d'abord celle du cœur avant d'être celle de la raison. Ce en quoi, nous voyons déjà apparaître les limites de la dimension religieuse de toute activité humaine liée à la Connaissance.

5. LA MATHÉMATIQUE RELIE LES HOMMES À LA CRÉATION

C'est par notre aptitude à la pensée abstraite que nous avons pu créer l'outil, puis la machine, aujourd'hui si perfectionnée et envahissante, réalisant ainsi la parole contenue dans le livre de la Genèse en I, 28 : « *Soumettez la Création.* »

C'est par la pensée logique que l'homme a, lentement au cours des siècles, maîtrisé la matière en créant des outils de plus en plus performants. Sans mathématiques, pas de machines ! Les mathématiques servent la technologie, qui est peut-être le premier facteur d'universalité du monde d'aujourd'hui.

On sait, bien sûr, que les grandes lois de la matière et de l'énergie s'expriment sous une forme mathématique : les lois électriques, magnétiques et gravitationnelles.

Mais notre propos est de dégager une symbolique religieuse. Terminons ce premier chapitre par un beau signe porté par la mathématique dans l'ordre descriptif de la Création qui nous entoure. Car cette Création aussi réfléchit le Mystère Trinitaire.

L'homme, on le sait, a été amené à distinguer trois formes que prend la vie dans l'univers : l'ordre minéral, l'ordre végétal et l'ordre animal.

Et pourtant cette vie qui nous entoure dans l'Univers est « une ». C'est cette unité cachée des ordres de la Création qui parle au poète, au savant, et ne finit jamais d'interroger son esprit de contemplation.

Dans l'extraordinaire arsenal que l'homme a forgé depuis des millénaires pour comprendre la Création et qui a nom : science, il existe un signe subtil et dérisoire de cette unité. Ce signe est porté par la mathématique car c'est par elle que les hommes peuvent écrire plus objectivement les lois de la nature. Voici ce signe, en lequel la mathématique se fait l'ambassadrice de l'unité de la Création.

La nature est prodigue et cette prodigalité s'exprime par des comportements dont nous ne comprenons pas toujours le pourquoi. Mais la nature est aussi ordonnée et agit toujours selon un cadre de contraintes précises.

Tout se passe comme si, une fois choisie, cette contrainte « d'être », et d'être selon un agencement particulier, la réalisation de cette contrainte se faisait alors selon un principe strict de moindre dépense d'énergie.

Certes, ce « Principe du Minimum » est plus facile à mettre en relief dans le monde de la matière, depuis les particules jusqu'aux galaxies, car les lois en sont plus stables, donc plus mathématisables. Mais ce principe concerne les trois ordres de la Création. Il revient au savant français Pierre-Louis de MAUPERTUIS de l'avoir énoncé le premier au début du XVIIIe siècle.

Ainsi, dans le monde minéral, si tant est qu'on puisse y inclure la lumière, un rayon lumineux qui doit se réfléchir ou se réfracter sur un miroir, emprunte le trajet le plus court pour aller d'un point à un autre. Ainsi, dans le monde végétal, les plantes grasses tendent à la forme sphérique. Or, parmi toutes les formes de l'espace, la sphère est celle qui minimise l'aire de contact avec l'extérieur pour un volume donné ou encore celle qui maximise le volume pour une aire de contact donnée. Par la forme sphérique, la plante grasse réduit donc les effets de l'évaporation sur l'eau qu'elle tient en réserve.

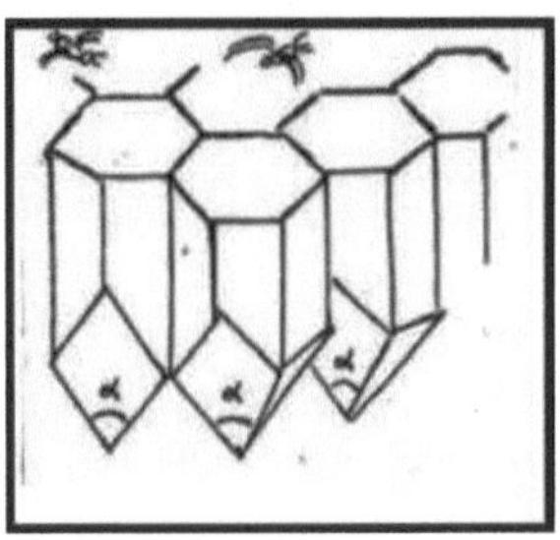

Ainsi, dans le monde animal, l'abeille semble soumise à un « cahier des charges » bien précis pour construire son alvéole de cire. Cette alvéole doit présenter la forme d'un cylindre de base hexagonale coupée par trois losanges de pointe. Cette alvéole, doit par ailleurs, avoir un volume constant pour emmagasiner une quantité de miel précise. L'abeille minimise naturellement l'aire latérale de ce volume à trois faces en donnant à l'angle sommital du losange une valeur, statistique, de 70° 32'.

Il est d'autres réalités mathématiques qui « portent » symboliquement l'unité entre les trois ordres du vivant, comme le fameux « nombre d'or » que l'on retrouve dans le monde minéral, dans le monde végétal et dans le monde animal.

Mais encore… Pour terminer par une note d'humour, relevons que les mathématiques « relient » aussi l'homme à la femme. Dans certaines provinces de France, pour dire qu'un homme est sensible au charme d'une femme et s'intéresse à elle, on dit qu'« *il la calcule* ».

CHAPITRE 2

La mathématique, langage vertical : elle relie les hommes au monde invisible

Dans ce chapitre, nous dégagerons quelques aspects de l'activité mathématique qui permettent de qualifier de religieuse la démarche, sans que ce mot ait le sens d'une croyance précise.

Puis, de cette relation de l'homme au monde invisible, nous passerons insensiblement aux traces d'une unité créatrice encore imprécise dans sa nature, pour terminer par l'évocation d'une « permanence » cachée.

1. L'ACTIVITÉ MATHÉMATIQUE ÉLÈVE L'HOMME

Il est à Chambéry un parc municipal parmi d'autres qui ne manque pas d'attraits. Il offre une belle vue sur les toits de la vieille ville. Il ménage à ses visiteurs la surprise d'une source et d'une cascade cachées dans les frondaisons et, de plus, il n'est jamais surpeuplé. Pourquoi, aux portes de la ville, ce calme et cette beauté sont-ils si délaissés ? C'est peut-être simplement que le parc de la Calamine est bâti sur les flancs d'une colline et que l'homme répugne à l'effort quand il n'y est pas forcé par les circonstances.

Ce qui distingue le « vertical » de « l'horizontal » dans l'activité humaine, c'est, peut-être d'abord, que le vertical est pénible. Un sentier de montagne sera toujours plus difficile qu'un sentier de plaine.

Le Calcul exige l'effort, et effort soutenu. Cet effort est d'autant plus exigeant qu'il demande de se « détacher » du monde des sens et des sentiments. Il y faut de la volonté. « *Honneur à la volonté mathématique* » disait Paul VALERY.

Cet effort mental et ce détachement ne sont pas sans risques et beaucoup de mathématiciens ont payé de leur équilibre cette ascension des montagnes de l'esprit. Sans aller jusqu'à cette extrémité, l'image du savant Cosinus perdu dans ses pensées n'est pas, hélas, une image d'Épinal et menace tous ceux qui pratiquent la discipline mathématique. On raconte que le savant grec THALES fit rire aux larmes une jeune servante pour être tombé dans un puits en scrutant le ciel. Le poète LAMARTINE disait que « *l'enseignement mathématique fait l'homme machine et dégrade la pensée* ». Plus près de nous, la pédagogue Stella BARUK fustige les « *automathes* ».

Faut-il aussi le rappeler ? La pratique des mathématiques ne protège pas toujours de l'insensibilité, ni de la barbarie. Certains manuels du Troisième Reich utilisaient la Statistique pour justifier économiquement l'élimination des moins rentables parmi la population allemande. L'association chargée de concevoir ces manuels était dirigée par un nazi notoire, par ailleurs brillant mathématicien, BIEBERBACH. L'homme réussit à fomenter un complot d'étudiants pour exclure de l'université de Göttingen, un autre savant, Edmond LANDAU, coupable d'avoir osé définir *π* d'une manière nouvelle.

Toutefois, mené avec mesure, l'effort que requiert l'activité mathématique est une ascèse bienfaisante pour l'homme. Cette ascèse dirige ses pensées vers le spirituel.

2. LA MATHÉMATIQUE EMPRUNTE À UN MONDE PARFAIT

Ce qui fait, cependant, de la mathématique une passerelle entre les univers visible et invisible, en quelque sorte entre le Ciel et la Terre, est surtout que les objets manipulés sont idéaux, même quand ils sont inspirés d'objets réels.

Ainsi, le point nous est suggéré par une étoile dans le ciel et pourtant le point mathématique est un être sans épaisseur. Un cercle mathématique « idéalise » un tronc d'arbre sectionné. Cette idéalisation « pré-existe » en quelque sorte au tronc d'arbre dans l'esprit de l'homme. Il en va de même pour les concepts les plus abstraits de la mathématique moderne, qui semblent parfois « idéaliser » des réalités sociologiques : ensemble, groupe, corps…

Cette « perfection » des objets manipulés par le mathématicien peut éclairer les déviances caractérielles que nous avons précédemment évoquées. On a pu dire que « *l'homme était un animal religieux* » et c'est vrai. « *Et notre cœur est sans repos tant qu'il ne repose en Toi* » a dit Saint Augustin, mais voilà, ce sentiment religieux, latent en chacun, nous incline parfois à un purisme excessif.

Comment expliquer les tendances névrotiques de certains mathématiciens ?

Chaque métier n'a-t-il pas sa maladie professionnelle ? L'usage exclusif et intensif de cette fonction humaine qu'est la raison peut amener à une sorte de calcification mentale, analogue à ce qui se passe pour d'autres activités humaines. Peut-être pour se moquer de lui-même, le savant anglais DE MORGAN disait : « *Il est plus facile de réussir la quadrature du cercle que d'avoir raison d'un mathématicien.* »

Sur un plan plus métaphysique, il est possible aussi que les anges qui inspirent les mathématiciens soient côtoyés par d'autres anges, moins innocents… Allez donc savoir ce qui se passe là-haut !

3. LA MATHÉMATIQUE, ACTIVITÉ PROPHÉTIQUE ; À SA MANIÈRE, ELLE ANNONCE UN « AUTRE » MONDE

Un peu différent de la perfectibilité évoquée plus haut est le fait que, par la pensée mathématique, l'homme entrevoie des réalités que sa condition terrestre lui cache.

Ainsi, l'espace et le temps ont pour nous une différence fondamentale car, contrairement à l'espace, le temps n'est pas réversible. Tant que l'on ne pourra pas revenir aider son aïeul à labourer son champ comme on revient de Lyon ou de Paris après y avoir été, le temps demeurera une autre dimension.

Et pourtant, la mathématique identifie le temps et l'espace, dans ses constructions imaginaires. En voici trois exemples.

La plus simple de ces identifications est que le temps se représente en mathématique par le même ensemble que l'espace unidimensionnel : l'axe des nombres réels que l'on symbolise par la lettre gothique R. Un peu plus abstraite est la Théorie de la Relativité qui se fonde sur une « mesure » où le temps est une quatrième dimension au même titre que les trois autres. Un dernier exemple est celui du Calcul des Probabilités, où le fait de lancer deux dés à la fois amène à la même analyse logique du hasard que si nous lancions successivement deux fois le même dé.

Prophétique, la mathématique l'est aussi en permettant un calcul cohérent sur des formes que l'on ne peut plus concevoir.

Essayez donc de concevoir une sphère à quatre dimensions ! Et pourtant, le calcul permet de dire que son volume est égal à $\pi^2R^4/2$ et son aire à $2\pi^2R^3$.

Cette « prophétie » tout à fait spéculative et intellectuelle, est-elle suffisante à nous rassurer ? Pas vraiment, si on la sépare de toutes les autres manières que nous avons de pressentir un autre monde.

Dans ce registre de la mathématique comme activité prophétique, n'oublions pas la plus simple des réalités psychologiques. La joie de résoudre un problème, aussi élémentaire soit-il, n'est-elle pas l'annonce, dans l'inconscient humain, de ce qu'un autre problème, celui de la vie, a, quelque part, une solution ?

C'est LEIBNIZ, ce mathématicien allemand né en 1646, qui dans une de ses publications, écrivit : « *La primitive de 1/x est le logarithme de x, donc Dieu existe !* »

Une solution, cependant qui n'est pas indépendante de nos choix et c'est là parfois le drame.

Il semble que la raison, dans ses constructions abstraites, prépare ou confirme l'extraordinaire promesse de vie éternelle qui nous a été faite par le Christ, mais ne suffit pas, en soi, à nous la faire sentir au plus profond de nous-mêmes. Il est une mystérieuse phrase du prophète Elie reprise par le prophète Jean-Baptiste : « *Toute chair verra le Salut de Dieu* », Toute chair et non pas tout esprit !

4. L'ACTIVITÉ MATHÉMATIQUE, SOURCE D'EMERVEILLEMENT ET DE MÉMOIRE

L'homme ne vit pas que de pensées, même si ces pensées sont « justes ». Il a besoin de s'interroger, encore et toujours. Il a besoin de s'émerveiller, de rêver.

Celui qui entreprend une démarche mathématique avec patience et la mène à terme, accède à un univers caché et foisonnant, quoique très ordonné. Le monde minéral des équations est un désert fascinant, un peu comme celui de la haute montagne du Sahara algérien. Tout comme la pratique de la haute montagne, il peut mener à la suffisance comme à l'humilité.

Nous avons vu précédemment comment la mathématique relie les trois ordres du vivant, à l'extérieur de l'homme. Le nombre d'or est une de ces réalités.

Rappelons la définition de la divine proportion ou « section dorée » pressentie par EUCLIDE et reprise par l'architecte romain VITRUVE : « *On dit que deux quantités sont en divine proportion, s'il y a de la plus petite à la plus grande le même rapport que de la grande au tout.* » Le nombre d'or ϕ = 1,6180... est l'inverse de ce rapport.

Ce nombre d'or ne se limite pas à posséder de remarquables propriétés mathématiques ou à relier les trois ordres du vivant.

C'est sans doute le caractère harmonieux de la section dorée, remarquée dès la plus haute Antiquité, qui lui a valu que l'on parle tant d'elle. On la retrouve tout au long des siècles en Architecture. Ainsi, le Parthénon d'Athènes s'inscrit dans un rectangle d'or, comme le temple de Louksor en Égypte ou la cathédrale Sainte Sophie à Constantinople. Cependant, c'est surtout en Peinture, tout au long de l'épanouissement de l'art chrétien en Occident, que fut utilisée la section dorée. Ainsi, le tableau « *les Bergers d'Arcadie* » de Nicolas POUSSIN est structuré par la section dorée. Tout aussi éloquent est ce test collectif consistant à présenter à un grand nombre de personnes, un grand nombre de figures géométriques simples, de proportions différentes, en leur demandant de choisir celle qui leur parait la plus harmonieuse.

Quel est le plus harmonieux de ces rectangles ?

Cachée parmi ses compagnes, une de ces figures a ses proportions dans un rapport égal au nombre d'or. Il s'avère, au dépouillement de l'enquête, qu'il y a une nette concentration autour de cette figure. Une des premières enquêtes de ce genre réalisée vers 1950 portait sur 1 734 adultes des deux sexes et se limitait à dix rectangles dont l'allongement relatif variait de 1/10 de l'un à l'autre : le rectangle d'or recueillait 40 % des préférences, contre 20 % à l'un de ceux qui lui était voisin par la forme.

Avec le nombre d'or, on a un bel exemple d'une rencontre entre deux formes de sensibilité, deux capacités d'aimer de l'être humain, toutes deux universelles. L'une, le sens de l'harmonie des formes est lié à la sensualité. L'autre relève, par la mathématique, du goût de la connaissance et de la cohérence de la spéculation intellectuelle. On a là une belle illustration de phrase de Saint-Augustin : « *L'Amour et la Connaissance s'enveloppent mutuellement.* »

L'amour et la mémoire s'enveloppent aussi mutuellement.

Terminons ce paragraphe par une anecdote qui illustre la pérennité que peut imprimer la musique des nombres, à l'insu peut-être de celui ou celle qui la perçoit en son âge tendre.

« *Que reste-t-il de nos amours ?*
Que reste-t-il de nos beaux jours ? »

Une photo de jeunesse, suggère Charles TRENET. Une photo ? Pas toujours.

Sophie PICARD était la seule de sa famille à être rescapée de la terrible famine qui sévit en Russie aux environs des années 1923. Pour fuir cette misère tout autant que le danger bolchevique, ses parents se réfugièrent en Suisse, à Neuchâtel. Passionnée par les mathématiques et abondamment diplômée en cette discipline, Sophie PICARD, alors âgée de vingt ans, se vit pourtant refuser un poste d'enseignante. Telle n'était pas encore la coutume pour les femmes dans la Suisse de 1924. Elle travailla dans les banques mais ses publications algébriques sur les fondements du groupe symétrique forcèrent les portes de l'université. Tant et si bien que pendant longtemps elle occupa trois chaires distinctes et qu'on eut du mal à la remplacer quand elle prit sa retraite. À un âge avancé, cette savante devint prisonnière de la maladie d'Alzheimer. On sait que cette maladie inhibe la mémoire et que celle-ci ne laisse subsister que quelques îlots par lesquels la communication avec autrui peut perdurer. Certains se souviennent de quelques chansons de leur jeunesse, d'autres d'une prière, d'un prénom ou d'un visage…

Mademoiselle PICARD, elle, avait conservé intacte sa faculté d'écrire et de résoudre… des équations.

Cet exemple d'une faculté de raisonner demeurée intacte au milieu de la tempête de la maladie pourrait être rapprochée d'autres, moins dramatiques, où le Calcul s'est montré, en quelque sorte, le gardien de l'identité culturelle de ceux que les circonstances isolaient de leur environnement habituel. Ainsi, nous devons l'éclosion de la Géométrie Projective à Jean-Victor PONCELET qui en jeta les bases pendant sa captivité dans la prison russe de Saratoff en 1813. Plus près de nous, le journaliste René COOPER, retenu comme otage en Iran en 1980, trompa son isolement total en calculant les nombres premiers jusqu'à 5000 et en spéculant sur leur répartition.

5. LE CALCUL SEMBLE PARFOIS RÉFLÉCHIR UNE INCONNUE CRÉATRICE

Ces traces sont difficiles à répertorier, ce sont des réalités très floues. Donnons seulement trois exemples.

- **Le statut particulier de l'infini**

Le moins discutable des symboles du divin dans l'édifice du Calcul est peut-être l'infini, car il s'impose par sa différence avec nous, êtres finis dans notre perception. La richesse et la précision du symbolisme religieux lié à l'infini mathématique sont telles que nous lui consacrerons un chapitre. Contentons-nous de relever que cet infini mathématique a un rôle particulier. Sans lui, la mathématique ne trouve pas sa cohérence et sa fécondité. Certaines opérations sont permises sur lui : ainsi $(+ \infty) + (\infty) = (+ \infty)$, d'autres sont interdites telles : $(+ \infty) - (+ \infty)$. Dans chacun des domaines où on le figure, l'infini est accessible à certaines manipulations, mais pas à toutes. L'infini mathématique n'est pas informe.

- **La croissance exponentielle et le mystère de la vie**

Le modèle exponentiel : $N(t) = N(0)a^t$ a l'immense privilège de représenter, au niveau de ce que l'homme peut mesurer, le mystère de la vie en son intime commencement, surtout dans le monde animal. Entre autres, une population bactérienne grandit selon une loi exponentielle, tant qu'elle n'a pas rencontré d'obstacles qui régulent cette croissance. C'est le cas aussi d'un embryon dans le sein de sa mère. Or la croissance exponentielle est l'une des plus rapides parmi celles répertoriées dans le registre des fonctions classiques. On peut voir là, de façon tout à fait subjective bien sûr, la trace d'un souffle créateur très puissant au début de l'aventure de la vie.

Remarquons que cette « surabondance » est là aussi dans des registres non mesurables cette fois : ceux des idées et des sentiments. Et cela chaque fois que le vent de l'amour a suscité quelque chose de nouveau, en nous et autour de nous.

- **Postuler une inconnue pour mieux la connaître**

Les mathématiques ne seraient pas ce qu'elles sont sans les x, y, z qui parsèment tous les livres de mathématiques et il nous semble assez difficile de concevoir un texte mathématique sans ces expressions. Pourtant, l'habitude de représenter des êtres mathématiques par des lettres et surtout d'effectuer des calculs sur ces lettres est une idée qui ne fut généralisée qu'assez récemment.

François VIETE, savant français né en 1540, ne faisait des mathématiques que pendant les loisirs que lui laissait sa charge d'avocat. Cela ne l'a pas empêché d'avoir eu, le premier, une idée simple et géniale qu'il exposa en 1591 dans le livre « *Artem analyticam isagoge* », celle d'appeler par une lettre la quantité que l'on cherche à connaître, de manipuler cette quantité sans la connaître, pour finalement connaître cette inconnue.

Ce principe fut repris et développé par René DESCARTES qui généralisa l'usage de x, y, z pour désigner des quantités inconnues. Pour désigner les quantités connues, il préconisa l'usage de a, b, et c.

On a là un beau symbole, me semble-t-il, de nos cheminements spirituels. Tout au long de notre chemin terrestre, nous sommes invités à parier pour le bien sur une Présence inconnue, pour découvrir un jour, mais partiellement encore, la nature de cette présence inconnue, plus clémente qu'elle ne paraît dans l'incertitude. Ce faisant, certains problèmes que nous pose l'existence se solutionnent positivement. Mais pas tous…

Dans ce registre des signes d'une Présence dans le champ de l'activité mathématique, il conviendrait d'ajouter un signe qui ne s'inscrit pas tant dans le Calcul que dans le fait de calculer, un signe qui a toute son importance dans l'expérience spirituelle.

Le Calcul, et la science en général « console » parfois le cœur solitaire, le cœur épris d'absolu qui ne trouve pas dans les affections humaines habituelles son contentement. Le calcul éduque la raison et forge au fil des années un contrepoids salutaire à un excès d'affectivité ou d'imagination.

Le Calcul ou Quelqu'un par le Calcul ?

Relevons enfin le signe d'une Présence qui ne se manifeste pas tant dans les mathématiques que par l'institution qui les soutient. Ce signe est bien abstrait et pour cela bien souvent oublié.

En Occident tout au moins, celui qui cultive une discipline particulière, et séculaire comme l'est la mathématique, voit son effort souvent récompensé par un statut de fonctionnaire qui lui offre la sécurité de l'emploi.

Ce n'est pas le cas partout dans le monde. Ce ne me semble pas un hasard si cette pérennité de l'institution est plus solide dans les pays de tradition chrétienne. Il y a une corrélation, certes abstraite mais réelle, entre la pérennité de l'Église impulsée par le Christ et la pérennité des Institutions. On peut d'ailleurs remarquer que si les mathématiques ont toujours existé, ce n'est que lorsqu'elles se sont greffées sur la culture chrétienne, dans l'Europe du Moyen âge, que leur développement a pu être continu.

Une anecdote historique me revient à l'esprit. Le développement de l'imagination suscitée par la pratique du Calcul pousse parfois les mathématiciens à mettre leurs talents cérébraux au profit de disciplines de pensée ou de causes humanitaires moins abstraites. Cette démarche n'est pas toujours couronnée de succès.

Fait rare dans l'histoire des mathématiques, Georg CANTOR les abandonnera pendant douze ans pour se tourner vers la philosophie. Il se passionna aussi pour l'histoire littéraire et tenta en vain de montrer que SHAKESPEARE était un imposteur qui avait usurpé l'œuvre d'un autre écrivain Francis BACON.

Après cette diversion où il perdit beaucoup de temps et d'argent, Georg CANTOR fut bien content de retrouver…

son métier. D'autres mathématiciens se lancèrent dans la politique, la médecine, le commerce... voire dans les sciences occultes. C'est de l'algébriste italien CARDAN, né en 1501, que nous vient le mot « cardan ». Ce savant prédit une longue vie au roi d'Angleterre EDOUARD VI qui devait mourir dans l'année !

Beaucoup furent heureux de retrouver leurs chères équations.

« *L'Institution sauve le sentiment* » disait le philosophe ALAIN. Mais qui sauve l'institution ?

Pour illustrer le titre de ce sous-paragraphe, terminons-le par l'histoire que voici advenue à un écrivain devenu aujourd'hui célèbre. Depuis longtemps cet homme s'interrogeait sur l'existence de Dieu. Au cours d'un voyage dans le Sahara, il saisit l'occasion de se livrer, de mettre à l'épreuve une inconnue dont l'existence même ne lui paraissait que possible.

L'équipe faisait un repérage dans le désert du Hoggar pour un film sur Charles de Foucauld et venait de faire l'ascension du mont Tahat. L'homme a voulu redescendre seul, le premier. Il marchait tout en sachant qu'il était en train de se perdre et pourtant des heures durant, il ne se retourna pas. Comme s'il avait l'intuition d'un rendez-vous dangereux à ne pas manquer. L'homme se retrouva seul, sans rien à boire ni à manger, à 300 kilomètres de la première ville. La nuit est tombée et l'homme s'est ensablé pour se protéger du froid glacial. La nuit qu'il passa, enfoui dans le sable, fut éprouvante mais, selon ses dires, ce fut « *la plus belle de sa vie* ».

La paix qu'il avait expérimentée avait levé un coin du voile sur une Présence inconnue. De retour à Paris, Éric Emmanuel SCHMITT écrivait : « *L'Évangile selon Pilate.* »

Toutes nos expériences spirituelles ne sont pas aussi romantiques et, par-dessus tout, Dieu « se révèle » dans le service désintéressé du prochain. Il demeure que Celui qui se réfléchit dans la floraison des idées mathématiques n'est pas tout à fait… une idée.

6. UNE ÉTRANGE PERMANENCE

Pour clore ce chapitre, relevons un aspect caché de la démarche mathématique, qui, sans être religieux en un sens précis, signifie une « permanence » à travers ce qui varie.

Un des plus célèbres théorèmes mathématiques porte le nom de PYTHAGORE. On en trouve en réalité l'énoncé et la démonstration dans des recueils babyloniens antérieurs au savant grec. Voici comment ce résultat s'énonce :

« *Dans un triangle rectangle, le carré de la longueur de l'hypoténuse est égal à la somme des carrés des longueurs des deux autres côtés du triangle* »

Que remarque-t-on dans cet énoncé ?

Il y a, au départ, des « contraintes » fixes : la forme triangulaire et l'angle droit de la figure. Ce qui varie est la forme du triangle et l'unité choisie pour évaluer les longueurs a, b et c des côtés. On retrouve à l'arrivée un résultat stable : $a^2 + b^2 = c^2$

Dégager une permanence logique à travers ce qui varie dans un contexte de contraintes précises est un fait sous-jacent à toute démarche mathématique.

Le déploiement de la Géométrie a poussé loin ce principe d'invariance en permettant dès 1840 une synthèse de cette discipline grâce aux travaux de savants comme EINSENTEIN, CAYLEY, et SYLVESTER sur les formes quadratiques et les polynômes homogènes, préparant ainsi l'Allemand Félix KLEIN, né en 1849, de proposer, en 1872 et à Erlangen, une classification des géométries énoncée en termes de groupes de transformation dont on recherche les « invariants ».

Pour revenir à des considérations plus simples, rappelons que certains mots usuels du Calcul relèvent d'une « permanence ». Ainsi, un sinus et un cosinus sont, à l'origine et aujourd'hui encore dans la pratique usuelle du Calcul, des rapports de longueurs qui demeurent constants dans un triangle rectangle variable dont un angle aigu reste fixe.

Tout langage, peut-être, se nourrit d'une permanence à travers ce qui varie…

La vie de l'homme aussi, dans sa dimension collective autant qu'individuelle, celle de son corps, de son esprit ou de son âme, est tissée de « permanences » à travers ce qui varie. Et l'élaboration secrète du sentiment religieux se construit peut-être à partir de ces permanences. Les plus simples sont peut-être les plus mystérieuses : la splendide innocence de l'amour et de la douleur, hélas, qui lui est souvent associée quand cet amour est vrai.

Et pourtant, des fleurs s’obstinent à pousser dans les ruines et sur les charniers.

Pourquoi ?

CHAPITRE 3

Quelques reflets de la révélation judéo-chrétienne dans le fait mathématique

La problématique est vaste et paradoxale. Comment la mathématique, science neutre par excellence, réfléchirait-elle très indirectement un Créateur qui a osé s'impliquer dans l'histoire des hommes ? Comment cette aventure plutôt austère de la pensée nous parlerait-elle, par le biais des symboles, de l'amour plutôt passionné que porte le Créateur à sa créature ? Nous ne donnerons que quelques pistes de recherche, pistes variées.

1. UN REFLET MÉTHODOLOGIQUE ; LA CONTRACTION DU GRAND RÉALISÉ PAR L'ÉCHELLE LOGARITHMIQUE

On s'est longtemps étonné du récit de la Création du monde en sept jours rapporté par la Bible dans le Livre de la Genèse : cela semblait bien court ! Depuis un ou deux siècles, les savants sont à peu près d'accord entre eux pour chiffrer la durée de la Création en milliards d'années.

Aujourd'hui, le monde chrétien adhère, en général, aux théories de l'Évolution énoncées, entre autres, par DARWIN ou par LAMARCK, et n'y voit plus de contradiction avec la Bible. En particulier, on admet que la

Création se soit élaborée en milliards d'années plutôt qu'en une semaine. Il existe pourtant un courant fondamentaliste, assez vif en Amérique et plutôt dans la mouvance protestante de l'Église, qui soutient le contraire. On l'appelle « créationnisme ».

Les arguments qui plaident en faveur de la thèse évolutionniste sont multiples. On peut remarquer, en particulier, que l'ordre chronologique de la création des éléments du monde, des espèces minérales ou vivantes annoncé dans la Bible : énergie, lumière, eaux, végétaux, animaux marins, animaux, homme, est, dans ses grandes lignes, retrouvé par la science.

Il n'est pas dans le but de ce livre d'entrer dans ce débat de spécialistes. Disons seulement que s'il ne faut pas chercher de concordances trop précises entre ce que nous disent la Bible et la science sur les origines, il ne faut pas non plus y voir deux univers totalement séparés. Thomas d'Aquin affirmait qu'un des critères de la vérité était de « *se soumettre au réel* ». La thèse de l'Évolution paraît aujourd'hui la plus « réelle ».

Bref, le récit biblique de la Genèse serait un poème pédagogique, riche d'enseignements fondamentaux sur l'action créatrice d'un Dieu Unique, presque un pamphlet contre le polythéisme, puisque Dieu créa les astres, les animaux… alors divinisés, texte utile à conserver, mais d'une portée symbolique.

Voici une interrogation toute simple qui m'est apparue un jour. Quel outil la science utilise-t-elle pour étudier les phénomènes où intervient l'infiniment grand, comme les distances interplanétaires, les grandes énergies ou la chronologie lointaine de la préhistoire ? La science utilise des échelles logarithmiques qui contractent l'infiniment grand, en gardant à cet infiniment grand un ordre mathématique précis.

Ne peut-on pas penser alors que les scribes qui ont écrit le récit de la Genèse, n'ont fait, en contractant le temps pour rendre leur récit digeste et mythologique, que précéder à leur manière les savants modernes ?

L'Esprit Saint prend des formes diverses selon les époques, mais n'est-ce pas le même Esprit ?

2. UN REFLET HISTORIQUE ; L'ÉCLOSION DU ZÉRO DANS LA CONSCIENCE MATHÉMATIQUE

Comment résumer en quelques mots simples le mystère chrétien de l'incarnation ? Peut-être en disant que Dieu, le Tout-Puissant, a choisi de se faire le plus pauvre, homme parmi les hommes, afin que nous, nous grandissions en humanité. En les versets 5 à 11 du chapitre 2 de l'épitre aux Philippiens, Saint Paul parle « d'anéantissement ». Celui qui était infini, a choisi non seulement de prendre une condition humaine, mais de ne pas revendiquer d'avantages, jusqu'à mourir sur une Croix, comme un malfaiteur, afin que nous soyons libérés de la plus grande des servitudes, celle, intérieure, du mal originel. L'Incarnation a été le levain de la pâte humaine.

Quand les hommes ont introduit la nullité dans leurs calculs, ceux-là s'en sont trouvés plus féconds. Paradoxe extraordinaire du zéro qui resurgit sous des formes très différentes ! Le point sans épaisseur des grecs, le 0 de la quantité, la « différentielle » du siècle des Lumières, l'ensemble vide de nos modernes ensembles, sont autant de nullités fécondes. Ces nullités sont comme autant de levains qui ont fait lever la pâte mathématique.

Sait-on que le 0 est apparu dans l'histoire de l'humanité à peu près en même temps que le Christ et qu'il y a eu participation de toutes les cultures à son éclosion ?

On trouve trace du zéro chez les Babyloniens dans les deux derniers siècles précédant l'ère chrétienne, mais seulement à l'intérieur d'un nombre. Ce sont ensuite les Mayas qui utilisèrent systématiquement un tel signe, au tout début de notre ère. Le symbole 0 lui-même viendrait du savant grec Claude PTOLEMEE qui utilisait l'initiale du mot « O05ev » signifiant « rien ». La conception du zéro comme un nombre et non comme un signe de séparation, son introduction dans les calculs revient aux Hindous, toujours au début de l'ère chrétienne. Il semble que les Chinois aussi peuvent revendiquer sa création. Mais il a fallu les Arabes pour nous transmettre le flambeau et contribuer à notre système décimal actuel. Le mot français « chiffre » vient d'ailleurs du mot arabe « sifr » qui signifie « vide » et qui désignait le 0 chez les mathématiciens de Bagdad. La transcription italienne donnera « zefiro » pour aboutir à « zéro ».

Par-delà le mystère de l'incarnation, la résonance théologique et spirituelle du zéro est d'une grande richesse.

Ainsi, selon les théologiens grecs, puis latins, toute affirmation sur le mystère divin doit être immédiatement niée, en ce sens que le concept humain ne peut lui être appliqué comme aux créatures. On peut résumer cette « théologie négative » de la façon suivante : « *Dieu n'est rien, rien que nous puissions enfermer dans notre pensée.* » On parle ainsi de « théologie apophatique », sans parole… En ce sens, le zéro apparaît comme une expression de la transcendance.

Plus simplement, n'est-ce-pas quand on est « vidé » de ses ressources humaines, quand on est « anéanti » par l'événement que, parfois peut se manifester alors Celui que notre suffisance humaine nous cache ? Et le plus beau fleuron symbolique du zéro n'est-il pas « l'insignifiance » dans laquelle nous plonge une rencontre amoureuse à laquelle nous accordons du prix ? Nous nous croyons indignes de l'être aimé.

Et pourtant, nous osons nous avancer et, parfois, le miracle se produit.

3. UN REFLET D'ORDRE ÉTHIQUE ; L'INTERDIT MATHÉMATIQUE

Il y a des interdits en mathématique, chacun le sait. On a pu même penser que l'allergie de certaines personnes aux mathématiques était reliée à un mauvais rapport avec la loi morale ou sociale, ou à celui qui est censé nous y introduire : le père.

Certains de ces interdits disparaissent avec l'évolution de la science, un peu comme certains tabous sociaux ou religieux ont vocation à ne pas demeurer. C'est le cas, peut-être, de l'ancienne habitude qui consistait à ne pas laisser de nombres irrationnels au dénominateur d'une fraction.

D'autres interdits demeurent, comme, par exemple, de ne pas diviser par 0. On dit même qu'une quantité divisée par 0 devient infinie… Quelle signification symbolique peut-on accorder, de façon toute gratuite, à cet interdit mathématique ? On peut se souvenir que diviser veut dire séparer et qu'il n'est pas de plus grande séparation que la mort.

On peut alors mettre en analogie symbolique cet interdit avec le cinquième des dix commandements que le Seigneur nous a donné, par l'intermédiaire de Moïse, sur le Mont Sinaï : ne pas se donner individuellement le droit de vie ou de mort sur tout être vivant, fut-il le plus négligeable : fœtus, ou vieillard, ou malfaiteur.

Souvenons-nous alors que l'infini est l'image la plus parlante du mystère divin dans le champ mathématique.

Qui se donne le droit de vie ou de mort sur son prochain ne se fait-il pas Dieu sans le savoir ?

Un Dieu cependant infiniment miséricordieux, qui toujours prend en compte les circonstances, et ne tient pas rigueur à celui qui regrette sincèrement son geste.

4. QUELQUES REFLETS TRINITAIRES DANS LE CALCUL

Si l'aptitude au Calcul vient de Dieu, qui a façonné l'homme à son image et lui a insufflé cette parcelle de Lui-même qui le rend capable d'infini, on doit retrouver trace du Mystère Trinitaire dans l'édifice du Calcul lentement élaboré au cours des siècles.

Ces traces sont nombreuses et variées. Bien que ce ne soit pas là les traces les plus subtiles, commençons par donner quelques exemples de résultats mathématiques où la quantité « trois » apparaît parfois mariée avec le « Un ».

- **Quelques « Trois » parmi d'autres**

À tout seigneur, tout honneur. Le triangle tient sa place en Géométrie. Trois côtés, trois angles, trois médianes, trois médiatrices, trois bissectrices, trois hauteurs qui pour chacune d'entre elle, concourent en un seul point.

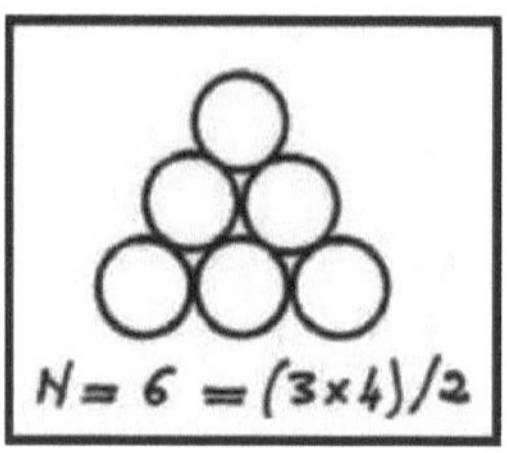

En Arithmétique, les triades (a, b, c) de nombres entiers tels que $a^2 + b^2 = c^2$ sont appelées « pythagoriciennes ». Quelques siècles avant l'ère chrétienne, le grec PLATON avait déjà trouvé leur infinité et EUCLIDE la manière de tous les trouver.

En Arithmétique encore, les nombres de la forme N = n(n + 1)/2 sont appelés « triangulaires » car on peut toujours disposer N points de façon régulière dans un triangle équilatéral ou, ce qui revient un peu au même, empiler N cercles les uns sur les autres en ordre décroissant.

Dans son livre « *Disquisitiones Arithmeticae* », le mathématicien allemand Cari Frédéric GAUSS note, le 10 juillet 1796 : « *Eurêka ! Num = Δ + Δ + Δ* ». Il exprimait ainsi qu'il avait prouvé que tout entier pouvait se décomposer en une somme de 3 nombres triangulaires. Ainsi 2001 - (62.63)/2 + (9.10)/2 + (2.3)/2 = 1953 + 45 + 3.

À propos de l'Arithmétique, osons en passant un signe un peu plus général. Nombres premiers, parfaits, normaux, amiables, jumeaux, chanceux, nombres de FERMAT, de MERSENNE, de CATALAN, de FIBONACCI, etc., les nombres particuliers ne manquent pas en Arithmétique. À la source d'une telle prodigalité ordonnée de nombres particuliers et de leurs propriétés, il y a la quantité « séparée ». L'adjectif mathématique en usage : « discret » se justifie d'ailleurs par son étymologie latine « discretus » qui signifie « capable de distinguer, de discerner ».

Une telle prodigalité serait-elle seulement, si Dieu était monolithique ou si, au contraire, les Personnes qui Le composent étaient, en quelque sorte, dépourvues d'identité propre ? Fût-elle appelée comme aujourd'hui Théorie des Nombres, l'Arithmétique toute entière peut être regardée comme l'éclat, dans l'austère miroir de la raison logique, d'une réalité transcendante tout à la fois une et plurielle, sans être fusionnelle.

Cette forte symbolique trinitaire attachée aux nombres entiers éclaire peut-être la fascination qu'ils ont pu exercer sur certains mathématiciens. Ne citons que la phrase de Léopold KRONECKER, ce mathématicien allemand né en 1823 : « *Dieu a créé les nombres entiers. Tout le reste est l'œuvre de l'homme.* »

En Analyse, l'ensemble ternaire T de CANTOR est obtenu de la manière suivante. À l'ensemble des nombres réels compris entre 0 et 1, on enlève le tiers médian, soit l'intervalle fermé [1/3, 2/3]. On recommence la même opération sur chacun des deux ensembles restants [0, l/3[et]2/3,l], et ainsi de suite... L'ensemble T est obtenu en recommençant le processus indéfiniment. Cet ensemble T a d'étonnantes propriétés. Sa mesure – ou de façon plus concrète – son aire, est nulle. Pourtant, on peut mettre T en bijection avec l'ensemble [0,1] dont on est parti. Enfin, chaque nombre réel compris entre 0 et 2 est, à l'ordre près, décomposable de façon unique, en une somme de 2 éléments de cet ensemble T.

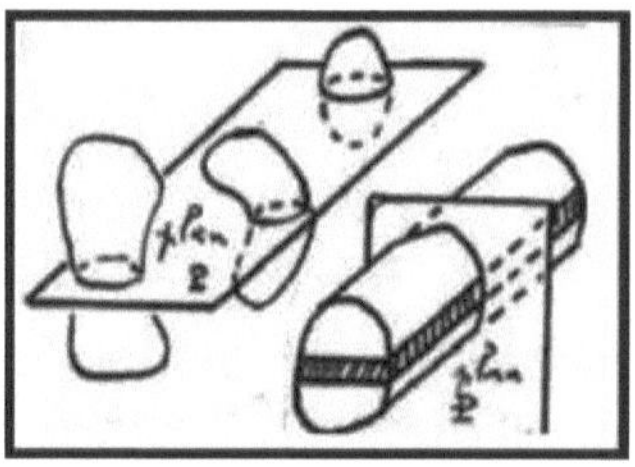

Pour conclure cet aperçu sur les résultats ternaires en mathématiques, citons le beau théorème du « sandwich au jambon » : *Étant donné trois solides de l'espace -par exemple : une table, une bouteille et un pain – il existe un plan, en général unique, qui sépare chacun de ces trois solides en deux parties de même volume.*

Ce théorème est précédé dans le plan par celui « *des deux crêpes* » dont nous laissons au lecteur le soin de trouver la formulation.

Mais cette abondance des résultats mathématiques où apparaît le nombre « Trois » n'est guère parlante, car la Trinité Divine est bien autre chose qu'un trois. Citons quelques réalités plus subtiles.

- **« La » ou « Les » mathématiques**

On se demande parfois si on doit dire « la » ou « les » mathématiques. Car la mathématique est tout à la fois « une » dans son essence et plurielle dans les domaines qu'elle aborde. On distingue d'ailleurs, en général, trois grandes branches du Calcul : la Géométrie, l'Algèbre et l'Analyse.

Il est difficile de donner aujourd'hui une définition précise de chacune de ces branches.

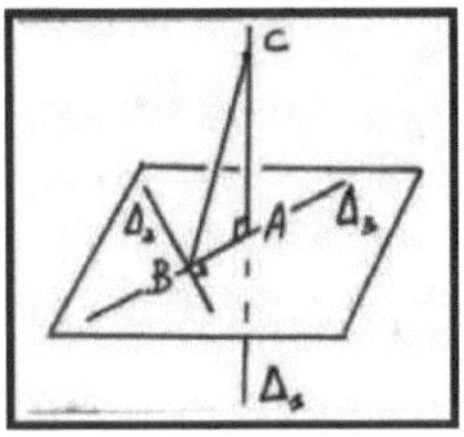

La Géométrie est plutôt l'étude des formes du plan et de l'espace. Voici l'exemple d'un théorème de Géométrie, celui de « la 4e perpendiculaire ».

Soit une droite Δ_1 perpendiculaire à un plan P qu'elle coupe en un point A, soit une autre droite Δ_2 dans le plan P, et soit enfin le pied B de la perpendiculaire A_3 abaissé de A sur Δ_2. Alors, pour tout point C de Δ_1, le segment BC sera perpendiculaire à Δ_2.

L'Algèbre était à l'origine l'art de résoudre les équations. Le mot « algèbre » nous vient d'ailleurs de l'arabe où il signifie peu ou prou « transvaser », ce qui nous rappelle la règle d'algèbre qui consiste à transférer un membre d'une égalité de l'autre côté du signe égal en changeant de signe. On peut aussi réserver ce mot à l'étude de ce qui est fini. Voici l'exemple d'un problème d'Algèbre, celui d'un dénombrement.

Combien de mots, ayant ou non un sens, peut-on fabriquer en utilisant les 3 lettres A, B et C ?

L'Analyse, enfin, concerne tout ce qui touche aux variations continues, à l'infiniment petit, l'infiniment proche, etc… Voici l'exemple d'un problème d'Analyse.

Quel est le rectangle d'aire maximum pour un périmètre donné ?

À ces trois facettes fondamentales de la discipline mathématique, il convient d'ajouter la Mécanique ou étude du mouvement, qui les associe directement.

Ne nous leurrons pas sur cette grossière classification, pourtant utile pour s'y retrouver. De la même manière que le 1, 2, 3 des nombres a donné lieu à une fantastique sarabande arithmétique, les disciplines mathématiques sont aujourd'hui innombrables.

Cette profusion vient, bien sûr, de la différenciation des mathématiques traditionnelles et de l'éclosion de nouvelles disciplines comme la Logique ou la Mécanique Quantique, mais surtout de l'éclatement des mathématiques appliquées. Calcul Numérique, Recherche Opérationnelle, Théories de l'information, des jeux, des automates, du contrôle optimal… un livre ne suffirait pas à nommer toutes ces nouvelles disciplines.

- **La dualité fondamentale du nombre**

Revenons à la base de nos mathématiques pour nous attarder sur un beau symbole trinitaire. La quantité, objet par excellence sur lequel travaille l'esprit mathématique, se présente à l'homme sous deux aspects.

Il y a d'abord l'aspect « séparé » associé à l'idée d'entier : 1,2,3,4… et au verbe « compter ». Il y a ensuite l'aspect « continu », qui nous est suggéré par l'écoulement de temps et que l'on figure en mathématique par l'ensemble des nombres réels R. Le verbe ici en faveur serait plutôt « mesurer ».

Bien des réalités mathématiques sont nées de la dialectique entre ces deux pôles : le continu et le séparé, à commencer par l'ensemble Q des nombres rationnels ou fractions.

C'est par le « séparé », en général qu'on approche le « continu », qu'on le construit parfois de façon axiomatique. Ainsi les membres réels, rationnels ou irrationnels, sont obtenus comme limite de nombres rationnels. Ainsi, en Combinatoire, les fonctions génératrices permettent de mieux dénombrer des ensembles finis.

On peut alors s'interroger : la face « continue » des mathématiques réfléchirait-elle l'unité du divin tandis que la face « séparée » réfléchirait la vie propre de chacune des Personnes qui compose l'Unique ?

- **La trilogie des concepts ensemblistes**

On a souvent critiqué le langage moderne des ensembles, dont on a peut-être fait un usage pédagogique excessif. Cette théorie a pourtant beaucoup contribué à assainir la communicabilité mathématique en l'asseyant sur des concepts très simples et universels. Un arbre ne continue à grandir que si ses racines pénètrent plus loin dans le sol.

Ce qu'on appelle en mathématique la Théorie des Ensembles, mais qui est plus un vocabulaire qu'une théorie, est né des travaux de certains mathématiciens européens, à la fin du XIXe siècle, tels que CANTOR, DEDEKIND, PEANO, BOLZANO… On peut dire que la Théorie des Ensembles est un fruit de l'esprit, voire même un fruit de l'Esprit, attendu et nécessaire, car il a permis à l'arbre de la connaissance mathématique de pousser ses branches un peu plus haut. Le langage des Ensembles est un peu à l'aventure de la pensée mathématique, qui a vocation à l'universel, ce que le solfège est à la musique. Un grand savant, Albert EINSTEIN, a dit une belle phrase, qu'il ne réussit cependant pas à mettre en pratique lui-même : « *Ce qui ne peut être compris par un enfant ne vaut pas la peine d'être expliqué.* » Le succès qu'a remporté la Théorie des Ensembles en pédagogie place cette discipline parmi « *ce qui vaut la peine d'être expliqué* », car cette théorie s'appuie en fait à la base sur des concepts simples, presque philosophiques. C'est, au fond, une résurgence de la logique chère à la scolastique du Moyen Age, à la hauteur de l'extraordinaire foisonnement du Calcul moderne.

Or, à la base de la Théorie des Ensembles, on trouve une triade indivisible : le concept d'élément d'un ensemble, le concept d'ensemble et celui d'appartenance ou non-appartenance d'un élément à un ensemble. Remarquons que ce dernier concept, tout aussi nécessaire, est plus relationnel que les autres.

En matière théologique, l'une des Personnes qui compose la Trinité a aussi un rôle plus relationnel que les autres. L'Esprit-Saint est celui que s'échangent le Père et le Fils de toute éternité.

- **Les deux engendrent le troisième**

« *Ils sont deux mais c'est quand ils ne firent plus qu'un qu'est éclos le troisième.* »

Comme le dit si joliment ce faire-part de naissance que l'on a pu recevoir un jour, l'enfant, éternel messager de l'innocence de Dieu, naît du rapprochement confiant de l'homme et de la femme. C'est dans l'amour humain, peut-être, que le Mystère Trinitaire trouve sa plus belle image, au point qu'on a pu qualifier cet amour d'« *Icône de la Trinité* ».

Mais encore…

Pour faire mémoire de l'essentiel de leur foi, l'Église propose aux chrétiens deux prières. L'un de ces Credos, appelé le Symbole de Nicée, parce qu'il remonte au Concile de Nicée qui eut lieu en l'an 325, comporte cette phrase :

« *Je crois en l'Esprit Saint qui est Seigneur et qui donne la vie. Il procède du Père et du Fils.* »

Bien que d'un tout autre ordre que l'amour humain, mais puisque la capacité mathématique procède elle aussi de l'étincelle divine présente en l'homme, on doit retrouver, dans le champ d'accomplissement de cette discipline, trace d'une dualité de laquelle procède un troisième. On la retrouve, en effet, d'abord dans le processus historique d'élaboration d'une science qui, au fil des siècles, s'enrichit de concepts et de théories qui fédèrent des réalités étrangères. Thèse, antithèse, synthèse... cela a nom « dialectique ».

On la retrouve, ensuite, dans quelques concepts mathématiques particuliers. Ne citons que l'un d'entre eux qui a montré une belle fécondité, celui de « loi de composition interne ».

Les algébristes contemporains s'accordent pour situer la date de naissance de l'Algèbre moderne en 1910, avec le mémoire de STEINITZ sur la « *théorie algébrique des corps* ». C'est la première fois que se trouve abordée systématiquement l'étude d'opérations portant sur des êtres essentiellement abstraits, c'est-à-dire qui ne sont plus les objets, nombres ou figures de l'Arithmétique, de l'Algèbre ou de la Géométrie classique. Partant directement des concepts d'ensemble et d'élément d'un ensemble, les deux opérations usuelles de l'Arithmétique, l'addition et la multiplication, deviennent, par abstraction, lois de composition interne qui, à deux éléments x et y d'un ensemble E, en font correspondre un troisième z appelé le composé de x et y et noté z = x T y ou z = x * y, quand la loi opératoire n'est pas spécifiée.

Comme autres exemples de lois internes, on peut citer l'opération qui, à deux parties A et B d'un ensemble, associe leur intersection $A \cap B$, celle qui, à deux vecteurs libres X et Y de l'espace, associe leur produit vectoriel $X \wedge Y$, celle qui, à deux points P et Q du plan, associe leur milieu M, etc…

5. BIBLE ET NUMÉROLOGIE

Beaucoup de recherches ont été faites et de livres écrits sur les « coïncidences » numérique qui émaillent les récits de la Bible. Qui n'a entendu parler du chiffre attribué à la bête de l'Apocalypse ?

Sans vouloir diminuer l'intérêt de telles recherches, nous ne nous y attarderons pas. Relevons seulement une coïncidence plus éloquente que les autres.

Depuis les temps les plus reculés, le monde invisible a suscité chez l'homme une attirance mêlée de crainte. Attirance, car on espère des esprits ou de l'Esprit, une protection contre la précarité de l'existence ou, tout au moins, un éclairage sur sa destinée. Crainte, car l'irrationnel, qui ne nous est pas familier, fait émerger un vieux fond de culpabilité. Cette crainte est dictée aussi par l'expérience de la vie, qui nous fait rudement éprouver que le monde des anges et des esprits n'est pas peuplé que de bonnes âmes !

Notre créateur connaît les limites de notre condition humaine. Aussi, dans l'histoire bien particulière du peuple qu'il s'est choisi pour se faire connaître aux hommes, on peut remarquer une constante.

Chaque fois que Dieu use de sa liberté pour s'adresser à certains hommes, soit directement, soit par l'intermédiaire de messagers, Il prend soin, en premier lieu, de rassurer celui, celle ou ceux à qui il s'adresse. Cette attitude de mise en confiance traverse les siècles. Donnons quelques exemples de cette sollicitude divine.

Quand le seigneur Yahvé s'adresse à Jérémie pour lui signifier d'être son prophète, celui-ci se récuse en prétendant n'être qu'un enfant, peu doué pour la parole. Yahvé lui dit alors : « *N'aie peur de personne : Je suis avec toi pour te délivrer* » (JEREMIE 1-8).

L'ange Gabriel, celui qui apparaît à Marie pour lui annoncer sa mission commence par la saluer. Devant son bouleversement il dit : « *Sois sans crainte, Marie, car tu as trouvé grâce auprès de Dieu* » (LUC I-30).

La nuit de la naissance de Jésus, les premiers à être mis dans la confidence sont les bergers qui gardent leurs troupeaux dans les environs. Pour calmer leur frayeur, un ange leur dit : « *Soyez sans crainte, car voici, je viens vous annoncer une grande nouvelle, qui sera une grande joie pour tout le peuple* » (LUC 11-10).

Ne pas avoir peur d'être et de créer, voilà qui est important dans notre aventure terrestre pleine d'embûches, où si souvent nous nous abritons derrière de faux papas !

Il se trouve que grâce à une analyse informatique, un chercheur moderne a pu relever exactement 366 fois dans la Bible l'expression « *Ne crains pas* » ou une expression similaire. 366 fois évoque un rythme quotidien si on compte les années bissextiles.

Toutefois, le reflet le plus conséquent de la Révélation Judéo-chrétienne dans le champ mathématique est peut-être d'ordre conceptuel. Il concerne la définition de l'infini mathématique, que les savants ont réussi à faire monter à la surface de l'Histoire, après de longs siècles de maturation. L'importance de ce « signe » mérite qu'on lui consacre un chapitre particulier, celui qui suit.

CHAPITRE 4

Lorsque le tout devient égal à la partie

Par le jeu des symboles qu'il développe, il semble que l'histoire du Calcul accompagne l'histoire de l'homme dans ses tâtonnements, sa croissance vers plus de complexité et plus de liberté. Nous nous proposons, dans cet article, de montrer en quoi la mathématique a « devancé » en quelque sorte les autres disciplines de pensée dans la clarification de ce qu'on entend par « infini », clarification toute relative car rien n'est achevé dans notre histoire.

1. PETITE HISTOIRE DE L'INFINI MATHÉMATIQUE

L'être humain est ainsi fait qu'il ne peut concevoir l'infini. Nous le pressentons pourtant et nous l'utilisons dans nos calculs, en lui attribuant le signe d'un huit couché : ∞. L'infini est, à la fois, un nombre comme les autres avec lequel on peut construire des définitions, comme celles des limites, et sur lequel on peut faire des opérations telles $(+\infty) + (+\infty) = (+\infty)$, et, à la fois, un nombre « différent » que l'on ne peut tout à fait intégrer à la cohérence des concepts finis. L'infini ne se prête pas à toutes les manipulations, et demande à être utilisé avec précaution.

D'ailleurs, en mathématique, le mot « infini » employé seul n'a pas de sens. Il est possible, en revanche, de définir des expressions telles que : « *ensemble infini* » et certaines locutions : « *tendre vers l'infini* », « *plus l'infini* », « *moins l'infini* », à partir d'un contexte mathématique bien précis.

La notion d'infini mathématique présente psychologiquement deux aspects : l'infini potentiel et l'infini actuel. L'infini potentiel évoque une possibilité de dépassement. Ainsi tout nombre premier admet un nombre premier qui lui est supérieur et, de ce fait, la liste des nombres premiers est illimitée. L'infini actuel, par contre, est une prise de conscience de tous les éléments à la fois d'un ensemble infini, une prise de conscience globale. Ainsi en est-il lorsqu'on parle de l'ensemble des entiers naturels, de l'ensemble des droites d'un plan, etc…

L'usage de l'infini actuel a longtemps été banni en mathématique.

Tout se passait comme si les mathématiciens et les philosophes se trouvaient devant une notion impossible à penser : « l'infini actuel », et devant une proposition évidente : « *le tout est plus grand que la partie* ». Manquant d'audace théorique, ils optaient pour la solution du bon sens qui était déjà celle du philosophe grec ARISTOTE : ils repoussaient « *l'infini actuel* » qu'ils ne comprenaient pas. Voici ce que le savant d'ALEMBERT en disait, vers 1760 : « *La Géométrie, sans nier l'existence de l'infini actuel, ne suppose donc point, au moins nécessairement, l'infini comme réellement existant ; et cette seule considération suffit pour résoudre un grand nombre d'objections qui ont été proposées sur l'infini mathématique. On demande, par exemple, s'il n'y a pas des infinis plus grands les uns que les autres, si le carré d'un nombre infini, n'est pas infiniment plus grand que ce nombre ? La réponse est facile au géomètre : un nombre infini n'est pour lui qu'une idée abstraite, qui exprime seulement une limite intellectuelle, à laquelle tout nombre fini n'atteint jamais.* »

Il a fallu la fin du 19e siècle pour que cet infini mathématique, si utilisé dans le Calcul, en particulier dans le Calcul Infinitésimal, et depuis si longtemps, soit lui-même l'objet d'une définition.

Définir l'infini, voilà une sacrée gageure ! L'étymologie du mot « définir » nous laisse en effet perplexes. Ce mot vient du mot latin « finis » qui signifie « fins » ou « limites » et du verbe latin « définire » qui signifie « marquer les confins, les limites ».

Il revient au mathématicien autrichien Richard DEDEKIND d'avoir donné cette définition, merveilleuse de simplicité, en 1887. DEDEKIND participe, avec Georg CANTOR, à cette pléiade de mathématiciens européens qui, à la fin du 19e siècle, créèrent la Théorie des Ensemble et renouvelèrent ainsi l'unité du langage mathématique. Voici cette définition : « *On qualifie un ensemble E d'infini s'il peut se mettre en correspondance bijective avec une de ses parties distincte de lui-même.* » Ou encore, si on est capable de relier, un à un, les éléments du tout et ceux de la partie.

Ainsi, l'ensemble des entiers naturels : {1, 2, 3…} est infini, car on peut le mettre en relation bijective avec l'ensemble des entiers pairs, qui en est une partie stricte. À 1 correspondra 2, à 2 correspondra 4, à 3 correspondra 6, et ainsi de suite…

Ainsi, l'ensemble des nombres réels compris entre 0 et 2 est infini car si l'on construit un triangle rectangle isocèle dont les deux côtés égaux sont de longueur 2, que l'on trace une parallèle à l'un de ces côtés passant par le milieu de l'autre, une sécante mobile intérieure au triangle et passant par le sommet opposé à cette parallèle met en correspondance bijective le segment [0,2] avec l'une de ses parties strictes, le segment [0,1].

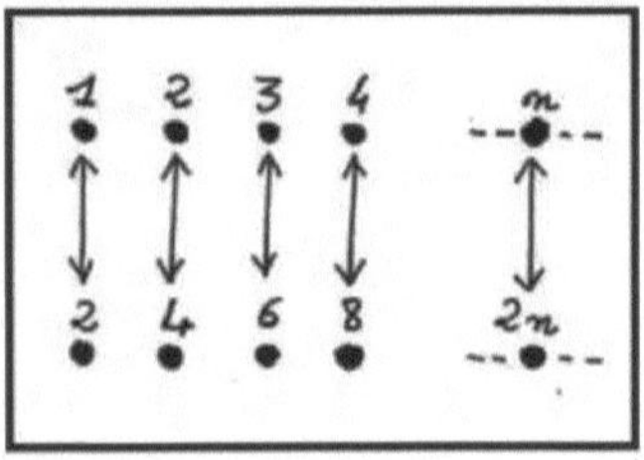

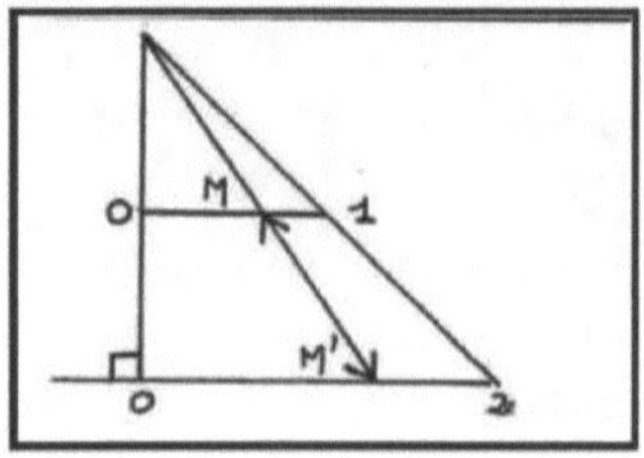

Cette définition d'un ensemble infini est presque enfantine. Encore fallait-il y penser !

Ce qui caractérise en somme l'infini est que, dans un certain sens, le tout y est égal à la partie.

Ce faisant, la mathématique, sans le savoir, ouvrait la voie…

Voici deux autres exemples de ce paradoxe d'« *un tout égal à sa partie* », qui apparaît quand l'infini entre en jeu.

Le premier relève du domaine de l'infiniment petit, mais dans les sciences physiques, cette fois. L'hypothèse qui semble aujourd'hui recueillir l'adhésion de la majorité des physiciens de la matière, parce qu'elle a permis de modéliser la théorie des quarks est la suivante : les particules identifiées comme fondamentales seront à la fois élémentaires et composites. Ces particules seront bien constituées d'éléments, mais ces éléments seront de même nature qu'elles.

Le second relève de la médecine. Notre corps, lui aussi, est un « infini ». Il veut dire quelque chose lorsqu'il est malade, mais on ne sait pas toujours quoi ! Il se trouve que certains médecins initiés, en examinant avec soin quelques parties du corps bien précises, parviennent à « apercevoir » le fonctionnement organique – et ses défaillances – en sa totalité. Ainsi, en sera-t-il du fond de l'œil, du pied ou de l'oreille interne, ce qui a donné lieu à des disciplines médicales comme l'iridologie, la pédologie ou l'auriculothérapie.

2. LES OBJETS FRACTALS

L'intuition mathématique des origines, qui codifiait l'infini à partir du concept d'un tout égal à sa partie a trouvé un regain en 1975 lorsque Benoît MANDELBROT, mathématicien français travaillant aux États-Unis, introduisit les « objets fractals ». Nous tenterons d'expliquer plus loin ce qu'est un fractal. Dans un premier temps, souvenons-nous seulement de ces boîtes de fromage sur le couvercle desquelles on voyait une vache, qui riait, ornée de deux boucles d'oreilles. Étonnant, chaque boucle était constituée d'une boîte sur laquelle une vache riait, avec ses boucles d'oreilles. Et cela semblait se répéter indéfiniment... Un fractal, c'est un peu çà. Là aussi, en quelque sorte, « *le tout est égal à la partie* ».

Pour aborder la théorie des fractals, on peut s'inspirer de la question apparemment simple posée par MANDELBROT dès 1967 : « *Combien mesure la côte de la Bretagne ?* »

MANDELBROT part de la constatation suivante : la côte de la Bretagne est constituée de baies, d'anfractuosités, qui elles-mêmes à nouveau recèlent d'autres anfractuosités, etc... Elle possède, comme beaucoup d'objets naturels la propriété d'invariance d'échelle, c'est à dire que si on nous donne un agrandissement d'une toute petite partie de cette côte, nous obtenons une image très proche de l'ensemble de la côte. C'est le cas de beaucoup d'autres objets dans la nature : un plant de fougère est formé de plus petites fougères qui elles-mêmes sont constituées d'encore plus petites fougères, etc... Regardons bien un chou-fleur, il est formé de petits choux-fleurs en tous points semblables au chou-fleur initial. Et si on examine les chroniques boursières sur une longue période, on obtient des graphiques qui présentent la même propriété…

De même que les ramifications des vaisseaux sanguins, la surface des poumons obéit à la géométrie fractale. Bien que pour le moment peu de résultats pratiques aient été établis, il se dessine là une nouvelle voie de recherche en médecine, biologie…

Le lien entre les formes naturelles et les formes fractales est d'ailleurs si grand que le meilleur moyen actuellement de produire sur ordinateur, donc en donnant une suite d'instructions précises et codées, des images convaincantes de planètes, de nuages ou d'arbres est d'utiliser les fractales. C'est ce que font les producteurs de films de science-fiction comme « *La Guerre des étoiles* ».

Ce qui montre que, décidément, les mathématiques mènent à tout… Pendant longtemps, la Géométrie classique, pour comprendre ces formes, a tenté de les réduire à des formes géométriques simples : polygones, cercles, cônes, triangles… en négligeant leur forme globale. Bien que les idées qu'elle exploite aient été énoncées depuis de nombreux siècles, la théorie des fractals est une tentative nouvelle pour décrire ces objets.

Construisons un objet fractal à partir d'un triangle équilatéral. Sur le tiers central de chacun des trois côtés, ajoutons un nouveau triangle équilatéral. On obtient une étoile de David. Sur chacun des six triangles équilatéraux ainsi apparus, on réitère le procédé, et ainsi de suite, à l'infini…

Cette courbe s'appelle île de VON KOCH ou encore courbe en flocon de neige. Elle possède quelques propriétés géométriques étonnantes. Son périmètre peut être rendu aussi grand qu'on veut, mais son aire, elle, ne déborde pas le cercle circonscrit au triangle. Elle est fragmentée, et d'une certaine façon régulière dans son irrégularité…

Pour caractériser de tels objets géométriques, les mathématiciens ont introduit un nouveau nombre, appelé « *dimension fractale* ». Nous avons coutume de dire qu'une ligne est de dimension 1, une surface plane de dimension 2, un solide de l'espace de dimension 3, etc…

La notion de dimension fractale élargit ce concept.

Nous ne pouvons donner ici les détails techniques de la définition de la dimension fractale d'un objet géométrique, mais sachons que, par exemple, suivant cette définition, la dimension fractale d'une côte est comprise entre 1,15 et 1,25 et que la courbe en flocon de neige ci-dessus a une dimension fractale de 1,26.

De cette timide incursion dans les objets fractals, retenons seulement l'importance d'un concept déjà associé à l'infini : « *le tout est égal à la partie* ». Comme l'infini mathématique est la première image du divin dans le champ raisonnable, et de ce fait limité, des mathématiques, ce concept d'un « *tout égal à la partie* » doit être riche de résonances religieuses, et il l'est en fait.

3. LORSQUE LE NATUREL REJOINT LE SURNATUREL

Nous nous proposons, dans ce paragraphe, de montrer que cette clarification mathématique sur l'infini fait écho à des réalités surnaturelles qui ne sont pas étrangères à la tradition chrétienne.

De plus, ce paradoxe d'un « *tout égal à la partie* » éclaire certaines questions difficiles auxquelles sont parfois confrontés les chrétiens dans le dialogue interreligieux.

Commençons par une analogie dont nous faisons souvent la douloureuse expérience.

- **« Un seul être vous manque et tout est dépeuplé »**

Ce cri du poète blessé nous rappelle que, depuis longtemps, l'homme savait, par son cœur, que le « *tout pouvait être égal à la partie* ». Un innocent qui meurt et l'univers est blessé autant que par la mort de milliers d'innocents. Un amour vrai qui s'étiole et l'âme en est affligée à l'infini. « *Le réconfort des amoureux est d'être inconsolables* » a pu dire un autre poète. L'amour ne connaît pas la quantité et ne retient que les prénoms. En formulant que le « *tout pouvait être égal à la partie* », l'intelligence ne fait que rejoindre, péniblement, ce que beaucoup vivent déjà par les sentiments. Entre la vie mystérieuse des idées qui courent au long des siècles et la vie affective de chacun, existe une étrange relation. Il y a une grande unité dans le mystère de la vie.

- **Le symbole majeur**

Un « *tout égal à sa partie* », cela peut aussi évoquer un mystère pour un chrétien, s'il n'a pas totalement oublié le catéchisme de son enfance.

Si l'infini réfléchit l'image de Dieu dans le grand livre de la raison humaine qui a nom : « Mathématique », ce Dieu ne serait Dieu que s'il se mettait en relation totale avec une partie de Lui, tout à la fois distincte et identique en sa divinité, car infinie elle aussi.

De façon tout à fait symbolique, ce qui préserve notre liberté, dans cette définition lentement mûrie au cours des siècles, le Calcul réfléchit le mystère de l'incarnation. On a là aussi un reflet du mystère de la Trinité, car Chacune des Personnes qui composent la Famille Divine est à la fois tout et partie de l'Unique.

- **Retour aux « fractals »**

Ce n'est peut-être pas un hasard si le trait de génie qui a amené Benoît MANDELBROT à créer les fractales a commencé par une question sur la côte de Bretagne.

Une côte est la frontière entre la mer et la terre. Beaucoup de passages de la Bible associent la mer à ce qui engloutit l'âme, aux forces du Mal. La côte devient alors le symbole de là où s'arrêtent ces forces du Mal, où elles sont arrêtées par Dieu et son armée céleste. Le livre de Job nous le rappelle par cette phrase : « *Il a tracé un cercle à la face des eaux, à la limite qui sépare la lumière des ténèbres.* » Car, ne l'oublions pas, le Bien et le Mal ne sont pas à mettre en dualité. Dieu demeure le maître de l'univers mais pour des raisons mystérieuses intimement liées à notre liberté, Il permet au Mal de se manifester.

Dans la vie sociale, dans la vie politique, dans les relations entre les nations, nous voyons parfois apparaître ce qui est acceptable et ce qui ne l'est pas. Mais nous mettons parfois des frontières un peu rigides, et nous cédons aux pièges idéologiques. Et surtout nous oublions cette belle et simple vérité énoncée par Alexandre SOLJENITSYNE :

« *La frontière entre le bien et le mal traverse le cœur de chacun.* »

On ne peut totalement chasser les démons qui nous habitent, ce que le philosophe Cari Gustav JUNG appelait « *les ombres de la personnalité* ». Blaise PASCAL nous met en garde contre un purisme excessif en la matière : « *L'homme n'est ni ange, ni bête, et qui veut faire l'ange fait la bête.* »

Selon les personnes, les familles, les cités et les nations, il semble qu'il nous faille passer par un consentement à tolérer certaines de nos ombres avant, parfois, de les éclaircir.

Cette invariance d'échelle sur le plan éthique est-elle réfléchie par ces mystérieux objets mathématiques que sont les fractales ?

- **Le paradoxe de l'Église catholique**

L'œcuménisme est un merveilleux don de l'Esprit Saint au siècle que nous laissons derrière nous. Tant d'hommes et de femmes de bonne volonté ont espéré la ré-union des chrétiens séparés par l'Histoire ! Tant ont œuvré pour rendre vraie à nouveau la parole du Christ qui souhaitait que ses disciples soient « un » comme lui était « un » avec son Père.

Ce rapprochement des trois confessions chrétiennes, les confessions catholique, protestante et orthodoxe, peut induire la tentation d'égaliser, de relativiser les différences et les nécessités de l'unité et de céder, en fait, à notre tendance naturelle au syncrétisme.

Tout et partie du tout ! L'Église catholique est, en sa réalité humaine, un beau signe du paradoxe trinitaire, qui ne va pas sans tensions, car elle est à la fois partie et signe du tout. Non pas le tout, mais signe du tout.

Nous retrouvons dans l'Église catholique, incarné dans l'imperfection et la faiblesse du peuple qui la constitue, le paradoxe relevé par les savants à propos de leur infini.

Cette Église est, à part entière, un des trois bras de la chrétienté : celui qui rassemble d'abord des peuples latins dont la fidélité au Christ, dans leur majorité, n'est sans doute pas plus exemplaire que celle des peuples qui composent les deux autres implantations géographiques de cette chrétienté.

Elle a vocation, par ailleurs, à être signe et garante de l'unité de cette immense flottille, nouvelle Arche de Noé, qui a mission de faire aborder ceux qui suivent le Christ aux rivages de la vie éternelle.

Les raisons profondes et cachées qui instituent dans la foi catholique le dépôt de l'unité de la foi chrétienne me semblent plus tenir à Dieu qu'aux hommes, fussent-ils saints. C'est Dieu d'abord qui est fidèle à l'Église née des premiers apôtres et non le contraire. L'Époux ne se laisse pas décourager par les faiblesses de l'Épouse. Ce même Dieu a, je crois, besoin d'un organe stable pour communiquer ses dons à tous. Tout est partie du tout ! À l'intérieur même de l'Église, le paradoxe mathématique peut éclairer, par analogie, l'inclusion mutuelle reconnue par les théologiens de notre temps entre Église locale et Église universelle. En voici un signe anecdotique : le titre de la revue diocésaine : « *Église de Savoie* » s'est mué en « *Église en Savoie* ».

- **La double signification du mot « ISRAËL »**

Le concept d'un « *tout égal à la partie* » peut aussi éclairer un point délicat de notre dialogue avec ces « frères aînés » dans l'Alliance que sont les Juifs.

Il arrive à ceux-ci de reprocher à l'Église le titre de « *Nouvel Israël* » qu'elle s'est attribué au cours des siècles. Les prophéties de l'Ancienne Alliance dans lesquelles le nom d'Israël est cité ont souvent été lues par les uns comme préfigurant l'Église, par les autres comme concernant les descendants d'Abraham par la chair. Ne citons que l'une de ces paroles, l'une des dernières pourrait-on dire, l'une des plus belles parce qu'elle est simple. En visite à sa cousine Elizabeth tandis qu'elle-même était enceinte de Jésus, Marie n'a pu retenir un chant de louange. À la fin de ce chant, qui est parvenu jusqu'à nous sous le nom de « *Magnificat* », Marie s'exclame, en parlant du Seigneur :

Il relève Israël son serviteur,
Il se souvient de son amour,
De la promesse faite à nos pères,
En faveur d'Abraham et de sa race à jamais.

Il m'apparaît que l'on peut lire cette prophétie, comme toutes celles qui précèdent, selon deux significations distinctes qui ne s'excluent pas mutuellement, celle du tout et celle de la partie.

L'Église est réellement le Nouvel Israël qui rassemblera, à la fin des temps, les tribus de tous ceux qui mettent leur confiance en le Christ Rédempteur, l'enfant porté par Marie. Tribus que l'Esprit fait émerger depuis des cultures différentes.

Mais comment Dieu pourrait-il oublier son enfant aîné et noyer sa particularité dans la foule des nations ?

Comme l'a prédit l'apôtre PAUL, l'Église du Christ naîtra en Israël. Cette tribu d'Israël selon la chair, retrouvera en toute conscience le plein et entier amour que le Seigneur n'a jamais cessé de lui prodiguer. Le recouvrement de l'unité territoriale israélienne en est peut-être l'amorce.

4. LA PRÉSENCE CACHÉE DE L'INFINI

« *Le plus grand s'est fait le plus petit, afin que nous grandissions.* » Telle est la manière, un peu abrupte, de résumer le mystère de la « visite » de Dieu sur terre. La première manière qu'emprunte la mathématique pour nous rappeler ce mystère est d'associer infiniment grand et infiniment petit dans ses constructions imaginaires. Par-là même, la mathématique nous rappelle aussi qu'en nous, ce qui est le plus fort, le plus vrai, procède de ce qui est le plus fragile.

Mais la définition mathématique de l'infini va plus loin encore. Elle rejoint paradoxalement une intuition populaire du catholicisme au cours des siècles.

L'analogie que nous évoquerons dans ce paragraphe, qui est aussi de l'ordre du surnaturel, est propre à la tradition catholique. En elle-même, cette analogie ne concerne qu'un détail de la liturgie de la messe et n'a aucunement l'importance que l'on accorde aux dogmes de la foi. Mais ce détail se rapporte au mystère même qui fait vivre l'Église depuis près de deux millénaires.

Quel est ce mystère ?

Au cours du dernier repas qu'Il prît avec ses amis, le Christ a partagé le pain et le vin en prononçant ces paroles : « *Ceci est mon corps, ceci est mon sang* » et en invitant ses disciples à réitérer ce partage « *en mémoire de lui* ».

Le don que le Christ a fait alors de sa personne perpétue en effet et renouvelle la manne que le Seigneur fit tomber du ciel pendant l'Exode qui menait les Hébreux vers la Terre Promise. Cette fois, cependant, c'est Dieu lui-même qui, tout au long de notre rude exode terrestre, s'offre en nourriture pour notre être tout entier : corps et âme, semence de vie éternelle cachée en un morceau de pain partagé…

L'Église catholique perpétue ce mystère de la présence de la chair et du sang du Christ dans l'hostie consacrée par le sacrement de l'Eucharistie.

Notre Créateur a consenti trois abaissements en venant habiter parmi nous. Celui d'abord de se faire homme comme nous, de porter avec nous le poids des contraintes et des désillusions de la condition humaine. Celui, ensuite, de mourir sur une Croix, entre deux bandits, pour nous arracher au mystère du mal originel. Le plus profond de ces abaissements est peut-être le troisième, celui de consentir à se faire matière. Sans qu'aucune preuve ne vienne appuyer la foi que nous puissions avoir en cette dimension mystérieuse du Salut, dont l'Église, en dépit de ses imperfections, est dépositaire.

J'ai le souvenir, étant enfant, de certaines doctes discussions sur le mystère de l'Eucharistie. Est-ce l'époque qui a changé ? Sans doute, car il n'est pas à la mode aujourd'hui, d'épiloguer sur tel ou telle qui s'est évanoui en communiant ou dont l'hostie s'est fractionnée en sang en tombant à terre. La présence réelle du Christ dans l'hostie consacrée est un acte de foi dans l'Église, dans sa continuité historique et spirituelle depuis sa naissance à la Pentecôte, qui se passe du sensationnel et ne fait pas, de prime abord, appel à l'intelligence raisonnante.

M'est apparu un jour le rapprochement que voici, dans lequel je vois un clin d'œil de l'Esprit.

Les clercs du catholicisme de jadis, si tant est qu'ils connaissaient un peu de mathématique, ignoraient vraisemblablement la définition mathématique de l'infini. Non pas qu'ils fussent mauvais en Calcul, mais l'engagement religieux, comme l'engagement scientifique, ne permet pas de s'attarder sur des passerelles symboliques entre science et foi. Or, une croyance, dont la vérité est demeurée intacte dans la tradition catholique, était qu'une partie de l'hostie consacrée avait même valeur sacrée que l'hostie entière.

Il arrivait, en effet, comme il arrive encore aujourd'hui, que le prêtre soit amené à fractionner l'hostie, après l'avoir consacré, de façon que tous ceux qui le souhaitent puissent participer au repas eucharistique. Il existe d'ailleurs une « séquence » qui rappelle cette croyance, à savoir que l'intégrité de la présence du Christ dans l'hostie consacrée n'est pas altérée par le fractionnement de l'hostie. Dans la liturgie de la messe, le terme de séquence désigne un poème situé entre la seconde lecture et la lecture de l'Évangile, poème qui développe de façon lyrique le mystère du jour. Cette séquence s'appelle « *laudate Sion Salvatorum* », ou encore en français « *Sion, loue ton sauveur* ».

On peut relever dans cette séquence la phrase suivante : « *Tantum esse sub fragmento, quantum toto legitur* » que l'on peut traduire ainsi en français : « *Et souviens-toi qu'il est tout autant dans les fragments, qu'il se trouve, invisible, dans le tout* »

Pourquoi cette croyance naïve avait-elle besoin de s'exprimer ?

Cette croyance m'apparaît comme un signe qui confirme par la raison le mystère de la présence réelle, car elle se relie à un concept mathématique universel et profane qui concerne l'infini, à savoir que le tout égale la partie. Il y a une grande unité dans le mystère de la vie et n'est-ce pas la vie que Dieu nous donne dans le sacrement ?

Un Seigneur qui, fort heureusement pour nous, a balisé notre route par quelques infinis moins intellectuels dans l'aventure qui nous mène jusqu'à Lui.

CHAPITRE 5

Promenade autour d'un corps

Dans ce chapitre, nous tenterons d'explorer le symbolisme sous-jacent au concept algébrique de corps et aux deux transformations mathématiques qui lui sont liées : le passage au logarithme et le passage à l'exponentielle.

Le mot « corps » – est-il besoin de le dire ? – recouvre des réalités humaines et sociales sensibles. Ce n'est pas à l'heure où le corps humain est tant honoré que nous pourrions oublier que l'homme – et la femme donc ! – ont un corps. Mais il y a aussi les corps de métiers, le corps social, les corpus de connaissance… L'Église elle-même se présente comme un corps mystique dont le Christ est la tête. C'est dire que l'analogie philosophique soulevée est délicate et que nous ne pouvons qu'à peine en évoquer quelques articulations.

Commençons par rappeler trois concepts mathématiques liés à celui de corps.

1. LE CORPS MATHÉMATIQUE

La plus ancienne signification de ce mot en mathématique est celle d'un solide de l'espace à trois dimensions. La plus récente et commune est celle d'une structure algébrique qui généralise à un ensemble abstrait les deux opérations usuelles sur les nombres réels : l'addition et la multiplication, en conservant les propriétés particulières et mutuelles de ces opérations, lesquelles opérations sont en fait quatre avec leurs inverses : la soustraction et la division.

C'est le mathématicien allemand DEDEKIND qui, le premier, employa cette dénomination de corps, et simultanément celle d'idéal et d'anneau.

Ainsi le corps, au sens algébrique du mot, s'enracine historiquement dans l'importance des deux opérations de base du Calcul : additionner et multiplier.

Arrêtons-nous un instant pour une remarque de bons sens.

Quand nous multiplions 5 par 8, le résultat est bien différent que quand nous ajoutons ces deux nombres.

Quel enfant n'est pas étonné d'apprendre qu'un champ qui mesure 80 m de large et 130 m de long a une surface de 10 400 mètres carrés ? Dix mille quatre cent mètres carrés ! Et ce cube d'un kilomètre de côté dans lequel on pourrait presque ranger tous les vivants de la planète !

Ainsi sur le plan de la mesure, le produit réalise, en général, un ordre de grandeur plus important que la somme. Si nous sortons du champ de la Mathématique pour entrer dans celui de la Physique, le produit réalise des êtres qualitativement nouveaux puisqu'une nouvelle unité physique apparaît en général, mais là n'est pas ce que nous cherchons à explorer.

Ainsi, même quand il ne s'agit plus de l'addition et de la multiplication classiques, un corps est, en mathématique, un ensemble où l'on peut effectuer deux opérations que l'on note additivement et multiplicativement. Les opérations sont astreintes à posséder certaines propriétés que l'on rassemble en mathématique sous le vocable de « groupe ».

Il faut croire que le symbolisme sous-jacent attaché au concept de corps, rassemblement enrichi de deux groupes, est fort puisque Jean-Paul SARTRE lui-même, dans son livre « *Critique de la raison dialectique* », distinguait dans une société le groupe en fusion et le groupe refroidi qu'il qualifiait aussi de pratico-inerte.

Groupe en fusion, groupe refroidi ! Peut-on retrouver là l'écho lointain de la multiplication et de l'addition ?

Sans aller jusqu'au niveau collectif de la dialectique évoqué par le philosophe existentialiste, n'y a-t-il pas une première dialectique qui passe par le corps et ses organes ? N'y a-t-il pas une seconde dialectique qui passe par l'aventure conjugale où « l'addition » des joies et des peines quotidiennes a autant de prix que « la multiplication ». On peut remarquer que l'injonction mentionnée dans les premières pages de la Bible : « *Croissez et multipliez* » fait déjà appel à deux verbes pour évoquer le grandiose projet d'une Évolution qui mène insensiblement l'homme vers un statut divin.

Le corps mathématique trouve un premier accomplissement symbolique, à l'intérieur même du Calcul, par le fait qu'une des plus belles et fécondes structures algébriques modernes s'appuie sur un corps. Qu'est-ce qui symbolise le mieux la vie, sa surabondance, son jaillissement intimement différencié, l'infini chatoiement de toutes les formes qu'elle peut revêtir sinon les mille et une manières de se grouper, de s'opposer, de se multiplier, de se transformer, que possèdent les vecteurs d'un espace vectoriel ? Or, un espace vectoriel n'existe qu'en s'appuyant sur un corps algébrique.

La somme et le produit d'un corps algébrique se transforment l'une en l'autre par ces deux applications mathématiques fondamentales que sont le passage au logarithme et à l'exponentielle. Précisons le sens de ces deux mots, et les symboles propres qui leur sont attachés.

2. L'EXPONENTIELLE

Qui ne connaît la progression géométrique en mathématique ? On appelle ainsi une suite u_n de nombres réels telle que le passage d'un terme à son successeur se fait en multipliant ce terme par une même constante, appelée « raison » de la suite ou de la progression.

Un exemple simple de croissance géométrique se rapporte à l'invention du jeu d'échecs. On dispose un grain de blé sur la première case du jeu, 2 sur la seconde, 4 sur la troisième, et ainsi de suite… Le nombre de grains de blé sur la dernière case du jeu d'échec dépasse tout ce que les bateaux du monde pourraient transporter. C'est, paraît-il, ce qu'un courtisan avait demandé à un prince qui voulait le récompenser de lui avoir fait connaître le jeu d'échecs.

Les fonctions exponentielles sont les différents modèles mathématiques, plus ou moins particuliers, qui généralisent cette suite géométrique lorsque la variable, plutôt que d'être entière, devient continue. Nombreux sont les exemples de croissance exponentielle dans la nature et dans la société. Le plus connu est peut-être celui d'un capital soumis à un intérêt constant et instantanément capitalisé avec cet intérêt.

Mais l'importance de ce type de croissance en mathématique ne serait pas si ce phénomène… capitaliste était seulement de l'ordre des structures humaines. Il est fréquent dans la nature, tant et si bien que la croissance exponentielle semble caractériser la vie dans son intime commencement. Ainsi, une population bactérienne grandira selon une loi exponentielle tant qu'elle ne rencontrera pas d'obstacles limitatifs. Ainsi, chez les mammifères, la croissance du fœtus se fera suivant une évolution exponentielle, quant à sa taille et son poids, dans les premières semaines qui suivent la conception. Et comme la mort ici-bas accompagne partout la vie, il a été aussi constaté qu'une tumeur maligne évoluait, en ses débuts, selon un processus exponentiel. Faut-il rappeler le caractère exponentiel avec lequel grandit le nombre de ceux qui sont atteints par une épidémie, en ses débuts, certes, avant que l'homme et la société ne réagissent.

Les sentiments et les idées ne se mesurent pas, heureusement ! On peut imaginer cependant que la cristallisation amoureuse, chère à STENDHAL, dans le cœur de qui reçoit la tendre flèche de Cupidon, tout comme la propagation d'une idéologie dans les esprits humains, ressortissent un peu au même mystère des commencements.

Cette observation de la croissance exponentielle dans la vie naissante nous renvoie en premier lieu à un mariage fréquent dans le mystère de la vie en général : celui du plus petit et du plus grand, de la faiblesse et de la force. Les réalités biologiques ou physiques en lesquelles s'illustrent le modèle exponentiel sont, en effet, de l'ordre de l'infiniment petit : bactéries, virus, fœtus, particule radioactive...

La croissance exponentielle est pourtant, comparée aux autres types de croissances mutuelles de quantité liées, une des plus grandes répertoriées dans le Calcul. On peut penser à la parabole de l'Évangile où il est question d'un grain de sénevé et d'un grand arbre dans les branches duquel viennent habiter les oiseaux du ciel.

Bref, pas de vie sans une extraordinaire prodigalité en ses débuts cachés. Le modèle exponentiel ne se contente pas d'être l'ambassadeur symbolique de cette prodigalité, il va « relier » le mystère de la vie aujourd'hui à l'apparition de la vie dans l'univers, et cela en transformant l'addition en produit.

La transformation exponentielle jouit, en effet, d'une propriété particulière : le passage d'une quantité à l'exponentielle de cette quantité transforme l'addition en produit. Ainsi ; si on prend 2 comme base de la transformation exponentielle, on aura $2^{3+4} = 2^3 \times 2^4$. Cette propriété entraîne indirectement que cette transformation fait correspondre à toute mesure réelle, négative ou positive, une mesure strictement positive. En termes mathématiques, la droite réelle R est mise en correspondance bijective avec la demi-droite des réels positifs.

Il est, dans notre histoire humaine, deux origines des temps. L'une, naturelle pourrait-on dire, est associée au « big-bang » dont, en général, on admet l'existence comme évènement fondateur de la vie dans l'univers. L'autre, qui nous vient du calendrier grégorien, est associée à la naissance présumée du Christ. Comment faire coexister ces deux origines de façon cohérente ?

La première origine a ceci de particulier qu'elle ne peut être décrite par la Connaissance. On sait ce qui s'est passé quelques secondes après le big-bang, on peut avancer cette connaissance à quelques millièmes de seconde, mais l'instant fatidique ne peut être atteint.

Quoi d'étonnant à cela, si Dieu est l'auteur de la Création ? Dieu se laisse approcher mais ne se laisse pas voir. Or, le mot « temps » n'a pas de sens avant cette création, car la seule référence objective dont nous disposons pour mesurer le temps est le coucher et le lever du soleil. Un soleil qui, justement, a été créé ! Souvenons-nous d'ailleurs de cette phrase qui rythme le récit de la Création dans la Genèse : « *Il y eut un soir, il y eut un matin.* »

Qu'est-ce à dire ? Sinon que pour « connaître » notre histoire, autant que faire se peut, il faut faire de cette origine inaccessible quelque chose de fictif, mais accessible, tout en donnant au temps de notre histoire toute l'ampleur dont cette linéarité peut disposer dans le Calcul. C'est ce que fait la transformation exponentielle en « plaquant » la droite des nombres réels sur la demi-droite des nombres positifs, en transformant « moins l'infini » en zéro. Ce faisant, l'autre origine des temps, le 0 du calendrier grégorien, devient 1, en quoi nous retrouvons un autre symbole élémentaire du Divin.

Un mot de plus dans cette deuxième origine de notre histoire, qu'est l'incarnation du Verbe.

Que ressort-il de l'aventure de Dieu parmi nous, sinon d'être une nouvelle origine des temps, spirituelle cette fois, à partir de laquelle, grâce aux hommes qui l'aiment, sa Parole peut germer et féconder une humanité nouvelle. Sans que rien, ni aucun homme de bonne volonté de l'ancien monde ne soit oublié.

Le premier souci du Christ d'ailleurs, entre le moment de sa mort sur la Croix et celui de sa Résurrection n'a-t-il pas été d'aller chercher les justes d'Israël qui l'avaient précédé ? C'est ainsi que l'on peut comprendre la phrase du Credo : « *Il descendit aux enfers.* »

On peut penser, en effet, qu'il y a une secrète correspondance entre l'histoire de l'humanité depuis les origines et l'Histoire depuis le Christ, et plus particulièrement entre l'histoire du peuple hébreu et celle de l'humanité : l'histoire de l'Ancienne Alliance est, en quelque sorte, le banc d'essai de celle du salut universel.

L'un des signes de cette correspondance est que nous réévaluons chaque fois avec plus de précision l'histoire ancienne, au fur et à mesure de notre avancée. On peut remarquer qu'il en fut parfois de même pour le peuple hébreu. Ainsi, l'un des récits de la Genèse, le récit yahviste, si riche en poésie et en tendresse, fut écrit après l'Exode, après que le peuple élu a fait l'expérience intime de sa propre libération. Mais ne nous laissons pas entraîner par une vision trop collective des choses : cette correspondance entre toute l'Histoire et l'histoire depuis le Christ n'a-t-elle pas son équivalent dans nos vies dont certains événements ne trouvent leur sens qu'à la lumière de l'amour retrouvé ? Il est des instants où, miraculeusement, tout repart et où le passé s'éclaire.

À propos de cette correspondance, et sur un plan tout physiologique, se pourrait-il que l'augmentation de l'espérance de vie que nous constatons dans nos sociétés évoluées soit en relation avec ces grands âges dont parle la Bible et que nul ne prend littéralement au sérieux, bien sûr ?

Cette richesse symbolique de l'exponentiation doit être partagée avec ce qui lui est indissociable, le passage aux logarithmes. Pas de fonction exponentielle en mathématique, sans son inverse, la fonction logarithme. Il revient en effet au même de dire que 8 est l'exponentielle de 3 en base 2 : $2^3 = 8$ que de dire que 3 est le logarithme de 8 en base 2 : $\log_2 8 = 3$. Penchons-nous un instant sur cette autre transformation.

3. LE LOGARITHME

La croissance logarithmique va de pair, en mathématique, avec la croissance exponentielle, en ce sens que l'une est l'inverse de l'autre, quand la variation de celle des deux quantités qu'on prend comme référence est supposée uniforme. Néanmoins, historiquement, les échelles logarithmiques ne furent mises en évidence qu'après que les progressions géométriques furent connues. Ce sont l'Ecossais John NEPER, appelé aussi NAPIER et le suisse Jobst BURGI qui, simultanément, mais de façon indépendante, construisirent au début du 17e siècle les premières tables de logarithmes.

On sait les services extraordinaires que rendirent ces tables de logarithmes dans le Calcul Numérique, avant que les ordinateurs et les calculettes ne prennent le relais. À tel point qu'un philosophe de l'époque, Friedrich NOVALIS, a pu dire que les logarithmes étaient aux mathématiques ce que les mathématiques étaient aux sciences.

Une des principales propriétés de la transformation logarithmique est de transformer le produit de deux nombres réels positifs en somme : log(ab) = loga + logb.

Comme nous l'avons déjà vu au chapitre 3, c'est cette transformation du produit en addition qui fait de la croissance logarithmique une des plus lentes des croissances fonctionnelles en mathématique. C'est cette contraction ordonnée de l'infini, qui, tout en préservant le caractère infini de la croissance – car un logarithme devient aussi grand que l'on veut – motive l'emploi des échelles logarithmiques dans la mesure de l'infiniment grand. Un exemple parmi d'autres est celui de la luminosité des étoiles, mesurée avec le logarithme de l'éclat apparent : la magnitude. Et cette échelle des logarithmes est aussi celle que l'on utilise pour situer, depuis notre temps, l'infiniment lointain dans le temps : la préhistoire de l'humanité.

Cette transformation du produit en addition, de la division en soustraction confère aux échelles logarithmiques un intérêt en physique. C'est cette propriété qui motive que l'on recoure à une échelle logarithmique plutôt qu'arithmétique lorsqu'on s'intéresse aux variations relatives des deux grandeurs plutôt qu'à leur variation absolue.

L'exemple le plus naturel est peut-être celui relatif aux sons musicaux. Le langage des musiciens est additif tandis que celui des physiciens est multiplicatif. Ce dernier mesure des fréquences, tandis que le premier hiérarchise des effets sonores. Ainsi, le musicien parlera d'augmenter d'une octave quand la fréquence du son est multipliée par deux. Ainsi la gamme tempérée est la division de l'octave en douze parties : les demi-tons, alors que le physicien parlera d'une croissance géométrique de raison $\sqrt[12]{2}$ Cependant, même chez le musicien, dont le langage manipule en fait les logarithmes des fréquences, on trouve trace de la réalité vibratoire, puisque le silence de même durée que la triple croche est appelé… huitième de soupir !

Cet exemple de la sensation musicale est à rapprocher d'une constatation générale de biologie expérimentale, où il semble que l'effet de réaction à une dose – par exemple médicamenteuse – n'est pas proportionnelle à cette dose, mais plutôt à son logarithme dans une base particulière.

Toutes ces considérations ont amené à énoncer une loi, qui n'est pas à proprement parler scientifique, car la science ne concerne que ce qui peut se mesurer, et une sensation comme un sentiment ne peuvent se mesurer. Cette loi, dite de WEBER-FECHNER, affirme que la sensation est proportionnelle au logarithme de l'excitant : $S = K \log E$.

Le passage du produit à l'addition transformée en passage du stimulus à la sensation ! Nous nous éloignons là de la rigueur scientifique et ne sommes pas loin de la philosophie. Franchissons-en le seuil pour rejoindre notre « corps » initial et tenter de dégager un symbole possible du passage du produit à l'addition, de l'addition au produit.

4. LA GLACE ET LE FEU ?

Que peuvent bien réfléchir ce produit transformé en addition, cette somme transformée en produit ? Peut-être, faut-il se rappeler que le produit symbolise la fusion, la création, l'association, tandis que l'addition réfléchit une juxtaposition, un plus, une croissance. Que peut bien nous dire la lenteur extrême de la croissance logarithmique, qui pourtant ne renonce pas à être croissance vers l'infini ?

Cela peut évoquer une réalité psychologique assez imprécise à décrire, mais dont pourtant nous faisons l'expérience quotidienne, car elle est sous-jacente à toute vie sociale. Qui ne s'est pas un jour interrogé sur le gouffre entre l'expérience personnelle que nous pouvons faire de la charité, le plus souvent par l'amour et l'amitié qui nous relient à nos proches, et la concrétisation familiale ou sociale de cette charité ? « *Que reste-t-il de nos amours ?* » dirait le poète. Peu mais beaucoup, sans doute… Il y a là, en effet, une secrète transformation qui vivifie l'institution à partir de l'individu et qui, à long terme, crée cette osmose qu'on appelle une culture, laquelle, à son tour, appelle un jour certains d'entre nous à se dépasser.

La source de toute action généreuse est suscitée par l'amour. Elle est symbolisée par le produit en ce sens que notre imagination, faisant fi des obstacles, se projette en un accomplissement du désir, que celui-ci se manifeste en sentiment, sensation ou idée. Le Christ lui-même, qui fut homme à part entière, semble avoir connu cette anticipation de l'âme, comme en témoignent ces paroles rapportées par LUC en (X,18) : « *Je voyais Satan tomber du ciel comme l'éclair.* »

Le fruit de l'action, lui, se matérialise en un résultat si peu visible ou souvent si malencontreux, qu'on en vient parfois à douter de soi… comme de Dieu. Serait-ce ce constat que Jésus a pressenti en disant à ses amis qu'ils seraient des « *serviteurs quelconques* » ?

Le temps, qu'est-ce que le temps ? Qui n'a connu ces instants où le temps prend une densité extraordinaire au point qu'on voudrait l'arrêter ? Qui n'a connu ces heures où le temps s'étire, interminable ? Les équations d'EINSTEIN nous disent que le temps se contracte au voisinage de la vitesse de la lumière. Mais la lumière au sens physique n'est-elle pas elle aussi symbole d'une autre Lumière, celle qu'on associe à la Vie et à l'Amour pour dire « Dieu » ?

Le livre de JONAS, dans la Bible, nous redit ce dont chacun peut faire l'expérience lorsqu'il « fait » ce qu'il a pu discerner de la volonté divine. JONAS, nous dit la Bible, mit un jour pour accomplir sa mission qui était d'appeler à la conversion, une ville, Ninive, que l'on traversait habituellement en trois jours.

Se pourrait-il qu'échelles exponentielles et logarithmiques soient, en quelque sorte, deux manières d'approcher, par la raison et la Science, cette contraction ou cette dilatation, qui est comme une mystérieuse respiration du temps ?

Somme et produit. Une somme de bonnes volontés mûrira toujours lentement avant de se transformer, un jour peut-être, en produit.

Le produit d'une association humaine, fut-elle réduite à un couple, n'est parfois que temporaire mais c'est grâce à lui que s'inscrira dans les lois humaines, dans les structures, dans les institutions, tout autant que dans les mémoires, ce filet protecteur sous-jacent à toute vie sociale, humble digue faite de mains d'hommes, destinée à préserver ce qui a été gagné sur le désordre. C'est la raison qui fixe l'irrationnel quand celui-ci vise à faire grandir l'homme

Serait-ce cela qu'on appelle le Progrès, si l'on accorde à ce mot un sens qui inclut et dépasse le seul progrès matériel ? Non pas un fleuve fougueux à l'image de nos passions et de nos esprits qui s'enflamment. Mais un fleuve de glace, à l'image de l'infinie patience du Créateur, qui veut offrir à chacun sa chance de salut. Un glacier qui ne peut se passer néanmoins, de nos mouvements de générosité et qui, en dépit de son immobilité apparente, n'en avance pas moins lentement, vers son accomplissement.

CHAPITRE 6

Le calcul des probabilités, support d'un déterminisme « troué »

1. LE HASARD ET SA PROBLÉMATIQUE

Le Calcul des Probabilités est la branche des mathématiques qui tente d'analyser logiquement le hasard, quand ses effets se répètent dans les mêmes conditions. Il est né au 15e et 16e siècle de la curiosité de mathématiciens italiens comme Lucas di PIACIOLI d'abord, CARDAN et TARTAGLIA ensuite. Ces travaux furent repris et approfondis un siècle plus tard par PASCAL, FERMAT et ensuite, chacun à leur manière, des savants comme HUYGENS, BERNOUILLI, de MOIVRE, LEIBNIZ affermissent les principes. Cette discipline a pris une importance capitale depuis un siècle, car c'est par lui que les lois de la Physique moderne trouvent leur formalisme mathématique. Ainsi, en Théorie du Quantas, ne connaît-on que la probabilité pour qu'une particule se trouve à tel endroit. Ainsi, la transformation et la désintégration radioactive ne sont connues que sous forme statistique. Qu'est-ce-que le hasard ? Bien malin qui pourra en donner une définition qui satisfasse tout le monde. Le mathématicien et probabiliste français, Émile BOREL, qui vécut de 1871 à 1956, en donna une définition assez neutre pour être retenue ici : « *Le hasard est un ensemble de causes trop complexes pour être analysées.* »

En première apparence, le Calcul des Probabilités semble contribuer à éloigner un peu plus la science de toute dimension religieuse, par l'importance qu'il accorde à un hasard détaché de toute finalité. On a d'ailleurs vu fleurir de belles théories scientistes à propos « *du hasard et de la nécessité* ». Et il est vrai que l'extraordinaire beauté formelle du Calcul des Probabilités, sa cohérence interne et sa capacité à mieux expliquer les lois physiques ont, en quelque sorte, donné son aval scientifique à une image intègre et absolue d'un hasard qui, peu ou prou, sommeille en chacun. C'est peut-être dans les préfaces de certains livres probabilistes russes, au temps où la religion de l'homme semblait, via la science, atteindre son apogée que cette absolutisation du hasard semble culminer.

Sommes-nous aujourd'hui tout à fait guéris d'une certaine idolâtrie du hasard ? Sans doute pas. La philosophie qui amène à évaluer les chances de bonheur d'un fœtus est bien douteuse. Toute idolâtrie ouvre la porte au sacrifice humain. Mais, comme nous le verrons, le hasard est lié à la liberté, celle de l'homme et celle de Dieu, et ces choses-là aussi ont leur loi d'airain. Et on peut penser que, chez les scientifiques, l'enracinement de l'idée d'un hasard fondamental relève d'abord du besoin d'accepter la formulation la plus cohérente de la connaissance moderne plus que d'une option métaphysique réfléchie.

À l'opposé de ce risque, je me souviens de la remarque d'un prêtre qui enseignait les mathématiques à l'université de Médéa, en Algérie, dans les années les plus noires de l'offensive intégriste islamique. Il me dit ne plus parvenir à enseigner le Calcul des Probabilités. Argumentant que le hasard n'existait pas, ses étudiants ne voulaient plus entendre parler de la discipline qui prétendait l'analyser.

Le hasard, donc, semble s'éloigner de toute finalité. Mais qu'entend-on, au fond, par finalité ? Le terme finalité recouvre une vieille querelle idéologique entre savants qui croient à une finalité de l'univers et ceux qui n'y croient pas.

Ce débat sur la finalité de l'univers oppose souvent, mais pas toujours, des croyants et des non croyants, car pour un croyant de tradition monothéiste, Dieu est le maître de la Création et de l'Histoire. C'est lui qui est tout à la fois la source, le moteur et le but de l'Évolution et de la connaissance que nous avons.

On peut rappeler, pour mémoire, le « concordisme », ce mouvement de pensée qui cherchait une adéquation systématique entre l'Écriture biblique et les découvertes scientifiques. Depuis, bien sûr, les savants ont appris à séparer les genres, à distinguer ce qui relève de la foi et ce qui relève de la science.

Celui qui ouvrît la voie à un renouveau de la pensée scientifique d'où un projet de Dieu sur l'Histoire et la Création ne serait pas exclu est TEILHARD DE CHARDIN et son fameux « *Point Oméga* ». Il est lui-même contesté par des théologiens chrétiens modernes, à juste titre, me semble-t-il, et je m'explique.

Werner HEISENBERG est un physicien allemand qui vécut de 1901 à 1976. Son nom reste attaché à des inégalités qui stipulent qu'il est impossible de mesurer simultanément la position et la vitesse d'une particule quantique, ce qui lui valut le prix Nobel en 1932. Mais ce savant est aussi connu pour un « *Principe d'incertitude* » dont la transposition en une vérité philosophique simple est importante. On peut résumer ce principe en disant qu'en matière scientifique « *l'observation n'est jamais indépendante de l'observateur* ».

Vouloir rendre compte collectivement d'une finalité de l'univers est ainsi radicalement limité par notre subjectivité et notre liberté. Si on tourne le dos à une lumière située au lointain, on pourra être très savant, on ne la verra pas. La foi elle-même peut-être ne suffit pas. Il y faut aussi l'engagement, non pas au sens sartrien du terme, mais au sens plus évangélique de la charité. En plus de notre intellect, cette question de la finalité de l'univers requiert que demeure en nous un peu d'esprit d'enfance pour sentir des évidences que nous cache une vision exclusivement rationnelle du monde. Alors, la phrase du savant VAN BRUECKE reprend sa part de vérité : « *Au fond, la finalité est une dame sans laquelle aucun biologiste ne peut vivre, mais qu'il est honteux de montrer avec lui en public.* »

Ainsi, la finalité est mariée avec notre liberté, et peut-être aussi avec les degrés de notre expérience spirituelle. Dieu ne se prouve pas, Il s'éprouve. Et ce faisant, longtemps parfois après une rencontre placée hors du champ de la raison, son Esprit nous fait déceler, dans ce champ même de la raison, des traces d'une Présence qui nous était cachée.

Ainsi, le Calcul des Probabilités est porteur d'une moisson de nouveaux signes, qui ne contrarient pas la Révélation biblique, tout au contraire. Relevons quelques aspects de cette révolution tranquille que réalise le Calcul des Probabilités, dans le champ de la Connaissance.

2. LE DÉTERMINISME DES LOIS DE LA NATURE N'EST PAS ABSOLU

Chacun se doute qu'un évènement « probable » se distingue d'un événement « certain » ou « impossible » en ce qu'il peut ne pas advenir quand il est prévu ou qu'il peut advenir quand il n'est pas prévu. L'histoire de la Physique moderne, qui a eu besoin du concept de probabilité pour se reformuler correctement après la révolution des quantas, illustre le fait que la stabilité des phénomènes naturels, dont nous avons tant besoin, n'est pas contraire à la continuelle liberté de leur renouvellement. Le déterminisme n'est plus absolu. Les lois de la nature s'écrivent en termes de probabilités et non plus en termes de certitude. Certes, cette probabilité avoisine le plus souvent la certitude, mais une part infime, mais formelle, est laissée à l'impondérable. Ainsi ces lois de la nature révèlent une faille par laquelle peuvent entrer les forces de dégradation, certes, mais aussi les forces de renouvellement de la Création, et en premier lieu de l'homme, qui est aussi matière.

On a là un merveilleux terrain de réconciliation d'une science bien comprise avec la croyance religieuse à la suspension momentanée des lois de la nature. Les miracles, les hauts faits bibliques, ou simplement le don de dissocier la matière que possèdent quelques rares personnes, ne sont pas contraires à la science moderne, qui ne présente plus cette matière comme totalement déterminée.

3. UN ORDRE MATHÉMATIQUE QUI INTÈGRE UNE LIBERTÉ RADICALE

Ce « trou » dans l'écriture moderne des lois de la nature s'accompagne d'un autre « trou » dans ce qui fonde mathématiquement le Calcul des Probabilités : l'indépendance entre deux épreuves aléatoires successives, par exemple deux lancers d'une pièce de monnaie. On sait que sans répétition possible d'un phénomène, il n'est pas de sciences, car il n'est pas de communicabilité. On a été amené à convenir que si l'on répétait deux épreuves aléatoires dans les mêmes conditions, le hasard se dédoublait aussi dans toute sa plénitude et le résultat de l'une des épreuves n'avait aucune influence sur l'autre. Cela revient à transférer à des épreuves répétées dans le temps ce qui semblait indiscutable pour des épreuves répétées dans l'espace. Dans le cas le plus simple, les deux lancers successifs d'une même pièce de monnaie devaient être totalement comparables, quant au degré de croyance des éventualités possibles, au lancer conjoint de deux pièces de monnaie.

C'est cette perte totale de mémoire entre le premier et second lancer d'une pièce de monnaie que l'on appelle « l'indépendance probabiliste » et que l'on a été amené à traduire dans des axiomes mathématiques précis.

Ainsi, deux lancers d'une pièce de monnaie sont reliés par ce qui nie, au niveau le plus radical de la Connaissance, toute relation entre les événements qui peuvent résulter de ces deux lancers. Le Calcul des Probabilités est, en quelque sorte, une machine dont les courroies de transmission brillent par leur absence !

Et pourtant, quelque part, une mémoire subsiste, puisqu'en lançant mille fois une pièce de monnaie, un ordre mathématique se dessine, timidement mais fermement. Cet ordre intégrerait donc totalement la liberté de la pièce de monnaie, il la créerait par sa propre liberté. Or, qu'est-ce qu'une liberté qui fait signe sinon aussi une liberté responsable ? La présence de cette liberté non anarchique aux deux bouts de la chaîne de la Connaissance, interroge.

Il vaut la peine de s'arrêter quelques instants sur ce « trou » radical de la Connaissance entre deux lancers d'une pièce de monnaie pour remarquer que cette rupture, couplée avec une mémoire qui demeure, se fait jour dans d'autres frontières de la Connaissance qui touchent au mystère de la vie.

Le problème de la transmission des caractères acquis a fait, en son temps, couler beaucoup d'encre. Aujourd'hui, ce concept a heureusement disparu de l'horizon des chercheurs en Génétique. Toutefois, et hors de toute idée de différenciation familiale ou raciale, on persévère à chercher à photographier dans le cadre génétique une sorte de « capital » des potentialités de l'individu.

Sous réserve de donner au mot « mémoire » un sens non explicite, il semble que toutes les traditions religieuses de l'humanité, et en particulier les traditions bouddhistes, pressentent une « mémoire » qui, tout en étant tributaire du bien et du mal choisi par chacun dans l'exercice de sa liberté, transcende les générations. Mais, comme pour ce qui se passe pour une pièce de monnaie, il semble que cette mémoire ne s'inscrive nulle part et soit hors de portée de la Connaissance.

Pour conclure ce paragraphe, retenons une rencontre signifiante dans l'histoire des idées.

Il était connu par les croyants que la capacité mathématique réfléchissait la parcelle du divin présente en l'homme. Il était connu aussi qu'un Dieu-Amour ne peut se concevoir sans liberté. Avec le Calcul des Probabilités, la liberté, aspect du divin réservé jusque-là aux poètes, aux artistes et à l'histoire des émancipations humaines, fait son entrée dans l'ordre logique de la Connaissance scientifique.

Retenons ensuite une grande et simple leçon pratique à laquelle nous invite indirectement le Calcul des Probabilités, celle d'une responsabilité qui se marie avec la liberté. Voilà un peu ce qui doit nous guider dans nos relations humaines : se sentir responsable de l'autre en respectant sa liberté. Cela ne va pas sans souffrances. Mais est-il un autre chemin de fécondité spirituelle ?

Et de poésie. Car la poésie est peut-être l'enfant du « sens » et de la liberté.

4. LE SALAIRE DE L'IGNORANCE

Après que j'eus fait part de ces réflexions naïves à une collègue de l'université qui, comme moi, enseignait les

Statistiques et les Probabilités, celle-ci m'exposa le fruit de ses propres réflexions. Je dois dire que le « signe » dont elle me fit part m'apparut original et profond dans sa simplicité. Il se situe d'ailleurs en amont du lancer de deux pièces de monnaie, à la racine même du Calcul, puisque n'intervient qu'une pièce de monnaie. Voici ce « signe » :

Dans l'ignorance totale de ce qui va advenir lorsqu'il lance une pièce de monnaie, l'homme attribue la même probabilité à l'apparition de PILE et à celle de FACE. C'est une attitude de non-savoir, d'humilité, importante et fréquente en matière de science. Et, comme par hasard, cet aveu d'ignorance débloque la situation et... la science démarre. Dans ce registre de simplicité, remarquons que l'étude logique du hasard nous promène laborieusement entre des termes comme possible, probable, certain...

N'a-t-on pas là le reflet de nos laborieuses interrogations métaphysiques, faces aux terribles incertitudes de nos routes terrestres ? Ce n'est peut-être qu'en multipliant les actes de confiance en la Providence que s'éclaire de l'intérieur, et par degrés progressifs, l'opacité du hasard qui semble nous environner.

« *Il n'y a pas d'espérance sans incertitude.* » L'homme de la bouche duquel j'ai entendu cette sentence aurait pu être un connaisseur du Calcul des Probabilités. Ce n'était pas le cas. Celui qui avait charge d'âmes sur la colline de Bellevue, celui par lequel j'ai retrouvé le chemin de la foi, ne connaissait pas les mathématiques, et le pari de PASCAL lui-même devait lui être inconnu. Flavien Scottini n'avait retenu que la bonté du serviteur.

5. AU HASARD DES RENCONTRES

Dans le dernier paragraphe de ce chapitre, nous nous proposons de relever quelques perles qui émaillent le Calcul des Probabilités, en laissant au lecteur le soin d'en deviner une possible interprétation philosophique ou religieuse.

- **Le paradoxe des trois pièces**

Le Calcul des Probabilités fourmille de paradoxes, parfois piquants comme celui « *de l'inspection* ». Ne citons que l'un des plus élémentaires. Ne relevons qu'une fausse manière de raisonner, derrière laquelle on peut deviner un symbole philosophique simple.

On lance trois pièces de monnaie et on cherche la probabilité d'obtenir 3 fois la même figure, soit 3 fois PILE ou 3 fois FACE. Sur les 3 pièces tombées à terre, il en est nécessairement 2 qui présentent la même figure. La troisième a alors une chance sur deux de réaliser cette même figure. La probabilité cherchée serait donc 1/2.

En réalité, comme on peut le vérifier par un calcul plus rigoureux, la probabilité cherchée est 1/4. Qu'avons-nous oublié dans notre raisonnement ?

- **Le compagnon du hasard**

La probabilité est, mathématiquement parlant, une mesure analogue à celle qui permet d'évaluer une longueur, une aire ou un volume. Cette mesure s'exerce sur un champ d'évènements possibles, qui sont eux-mêmes des combinaisons d'évènements élémentaires, en quelque sorte des composants de base indivisibles, des atomes. Ainsi lorsqu'on lance un dé régulier, il y a six événements élémentaires correspondant aux six numéros d'apparition : 1, 2, 3, 4, 5, 6, mais il y a 64 évènements possibles comme, par exemple, {il apparaît un nombre pair}. Qu'ils soient en quantité finie ou infinie, les évènements possibles sont rassemblés dans une structure mathématique appelée « tribu ». Or, parmi ces événements possibles, appelés alors « probabilisables », figure toujours l'évènement certain, celui formé de l'ensemble des possibles et affecté de la probabilité 1.

Ainsi, pour être appréhensible par une logique humaine, le hasard a besoin d'être accompagné par son contraire apparent, la certitude. Que peut bien signifier symboliquement cette frilosité ?

- **Un étrange privilège de l'infini**

Comme nous venons de le voir, le champs des événements probabilisables peut être fini ou infini.

Or dès que l'on a affaire à un champ infini d'évènements sur lesquels s'exerce un champ infini de valeurs et probabilités, un étrange paradoxe apparaît : un événement de probabilité nulle peut être physiquement possible.

Ainsi en est-il pour l'évènement {FACE n'apparaît jamais} dans une partie indéfinie de PILE ou FACE.

Ainsi en est-il pour l'apparition du nombre / lorsqu'on choisit au hasard un nombre quelconque entre Oetl.

Étrange privilège de l'infini de susciter comme possible ce qui, au regard de ce langage humain qu'est la probabilité, est affecté d'une chance nulle !

- **Un aspect de la loi des grands nombres**

Le Calcul des Probabilités est né, entre autres, de la constatation expérimentale suivante. Quand on réitère, dans les mêmes conditions, un grand nombre d'épreuves aléatoires identiques, la fréquence statistique d'un évènement précis semble se stabiliser autour d'une même proportion. Ainsi, si on lance 10 fois, 100 fois, 1000 fois une pièce régulière, la proportion de PILE sera, en général, de plus en plus proche de 1/2.

C'est ce résultat que formalise en termes mathématiques « *la loi des grands nombres* » dont voici une écriture dans un cas particulièrement simple. Comme on est dans le domaine de l'aléatoire, où l'exceptionnel peut survenir, on ne peut affirmer, quand le nombre d'épreuves devient infiniment grand, que la fréquence tend vers une proportion fixe au sens mathématique usuel de l'expression « *tendre vers* ». L'esprit humain a trouvé alors une subtile manière de tourner cette difficulté en faisant intervenir le concept de probabilité à deux niveaux distincts, en quelque sorte celui du tout et de la partie.

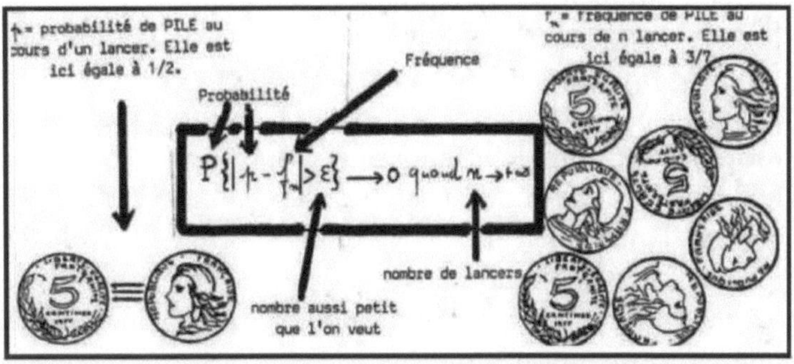

Ainsi, un concept primaire d'une théorie, ici le concept de probabilité, se dédouble en quelque sorte, pour mieux s'expliquer.

Le Calcul des Probabilités, en effet, n'a pu faire moins qu'utiliser le concept de probabilité pour décrire les relations mathématiques entre fréquence et probabilité. Et, curieusement, il arrive que l'éditeur d'un livre scientifique traitant du Calcul des Probabilités ou le mathématicien qui ordonne ses écritures, mette un p majuscule : P à l'une de ces probabilités et un p minuscule à l'autre, alors que, épistémologiquement parlant, ces probabilités sont de même nature. Mais cette distinction a aussi ses avantages mnémotechniques.

Que peut donc bien symboliser, sur un plan théologique, ce dédoublement d'un concept fondateur ?

- **La difficile genèse des « nombres au hasard »**

Une suite de chiffres au hasard est engendrée par un mécanisme probabiliste affectant à chacun des chiffres arabes 0, 1, 2… 9 la probabilité 1/10. Ces chiffres au hasard permettent alors, par accolement, de créer des « nombres au hasard ».

L'utilité de tels « nombres au hasard » est grande, tant dans des méthodes de Calcul Numérique comme celle dite de « Monte-Carlo » que dans les problèmes d'échantillonnage en Statistique.

Mais comment générer de tels « chiffres au hasard » ?

L'idée première est de créer des roulettes ou des urnes ou des dés à 10 faces. L'expérience montre que de tels procédés qui semblent impartiaux subissent de menues incidences : l'axe d'une roulette n'est jamais vertical, un dé n'est jamais parfaitement équilibré, etc… De plus le procédé est compliqué dans la pratique. Aussi a-t-on recours à des programmes informatiques qui génèrent des nombres « pseudo-aléatoires ».

En réalité, la fabrique de tables de nombres aléatoires de bonne qualité est un vrai casse-tête et il faut parfois aller les chercher loin… aux Amériques par exemple ou les extraire de phénomènes naturels comme la radioactivité du krypton 85.

Tout se passe comme si le hasard, renâclant à cette nouvelle mise en tutelle, apparemment libérale, de l'ordre probabiliste, se laissait difficilement apprivoiser et s'exprimait par son contraire : un ordre sous-jacent.

Mais, au fait, le hasard existe-t-il ?

Ou ne serait-ce qu'une fiction, utile certes à l'échange humain, à la Connaissance et à sa nécessaire neutralité, mais dépourvue de réalité objective ?

Le hasard serait-il un autre nom donné à l'exercice de la liberté de Dieu ?

Un Dieu qui respecte infiniment notre propre liberté et ne se laisse découvrir qu'au travers de ce qui est et de ce qui arrive.

Laissons l'évêque brésilien Dom HELDER CAMARA nous le rappeler à sa manière :

« *Acceptez les imprévus qui dérangent vos plans, qui détruisent vos rêves, qui offrent une direction complètement différente à votre journée et – qui le sait ? – à votre vie. Il n'y a pas de hasard. Laissez à votre Père Céleste la liberté de remodeler la trame de vos jours.* »

CHAPITRE 7

Le talent mathématique est-il plutôt masculin ?

Quand on examine l'histoire des mathématiques, on s'aperçoit que les principaux acteurs en ont été des hommes. Il en est ainsi dans d'autres domaines de l'avancée de la Connaissance ou de l'Art : Médecine, Architecture, Musique…

On tend aujourd'hui à expliquer ce fait par des considérations culturelles. C'est un fait que l'éducation a longtemps écarté la femme de l'accès à certains métiers. Mais est-ce là la seule raison à cette disproportion des sexes dans la galerie de ceux qui ont créé du neuf dans le domaine des idées ?

Dans ce chapitre, nous ne trancherons pas sur le fond. Nous donnerons seulement quelques repères. Commençons par proposer une brève biographie de quelques femmes qui ont participé à part entière à la création mathématique.

1. QUELQUES FIGURES FÉMININES

- **HYPATIE d'Alexandrie**

Les mathématiques grecques ont apporté une contribution exceptionnelle au patrimoine mathématique de l'humanité. Qui ne connaît les noms de PYTHAGORE, ARCHIMEDE, MENELAÜS, HERON ?

Le premier d'une longue pléiade fut THALES, né à Milet en l'an 624 avant l'ère chrétienne. Il revient à EUCLIDE d'avoir, le premier dans l'Histoire, réussi à coordonner en une logique impeccable les résultats de ses prédécesseurs. On peut attribuer aux Grecs la rigueur de la démonstration moderne.

Les deux grandes universités où s'exerça le talent grec fut d'abord l'École d'Athènes, fondée par PLATON en l'an 377 avant Jésus Christ, et ensuite l'École d'Alexandrie, fondée par EUCLIDE en l'an 300 avant Jésus Christ. Avec PAPPUS, né vers l'an 300 de notre ère, les mathématiques grecques cessent leur progression. Ne demeurent que « les commentateurs » soucieux de garder la mémoire d'une belle épopée intellectuelle. THEON est l'un de ceux-là.

La fille de THEON, HYPATIE est la première femme connue dans l'histoire de la discipline mathématique. Ce fut une mathématicienne reconnue, en plus de briller en médecine et en philosophie. Elle aurait écrit des commentaires sur « *l'Arithmétique* » de DIOPHANTE et les « *sections coniques* » d'APOLLONIUS. Vers l'an 400 environ, HYPATIE connut une mort violente.

Avec la domination romaine sur Alexandrie, la gestion de son université fut confiée à un patriarche chrétien. Afin de se défendre contre des pressions qui attentaient à leur liberté de conscience, nombre de savants se réfugièrent dans le temple de Sérapis qui abritait une partie de la bibliothèque. Des chrétiens fanatiques assiégèrent le temple et, une fois la résistance vaincue, détruisirent et brûlèrent tout. HYPATIE était-elle de ces savants ? Sommée de renoncer aux dieux grecs qu'elle chérissait, HYPATIE mourut décapitée. On raconte que ses restes, coupés en morceaux, furent répandus dans les rues d'Alexandrie.

Deux siècles et demi plus tard, ce qui restait des manuscrits subit le même sort de la part des musulmans.

La science et le fanatisme religieux ne font jamais bon ménage.

Après HYPATIE, treize ou quatorze siècles s'écoulent avant qu'apparaissent à nouveau des figures de mathématiciennes. Il y a d'abord, aux 17e et 18e siècles, des femmes brillantes de la haute société, telle CHRISTINE de SUEDE ou la marquise du CHÂTELET. Ce sont là plutôt des traductrices ou collaboratrices. La première femme vraiment géomètre fut Maria AGNESI.

- **Maria Gaétana AGNESI**

Cette jeune fille d'intelligence précoce, née en 1718, fut sans doute la première femme à professer publiquement les mathématiques dont une chaire lui fut donnée à l'université de Bologne par le pape BENOIT XIV. Elle réalisa une œuvre originale en Géométrie où une courbe cubique porte d'ailleurs son nom.

Cette courbe dont l'équation $y = a\sqrt{(a-x)/x}$ avait été trouvée par FERMAT un siècle plus tôt, est d'ailleurs à l'origine d'une malveillance commise par un « collègue » de l'Université de Pise. Le nom de Guido GRANDI serait oublié s'il n'était pas attaché à une étude systématique des équations en coordonnées polaires des formes qui représentent les pétales de roses. GRANDI aimait les fleurs, il faut croire qu'il n'aimait pas les femmes trop savantes puisqu'il camoufla le nom de sorcière dans le titre latin qu'il décerna à celle qui lui traçait ses courbes. La « sorcière », modeste et effacée, choisit de finir sa vie dans l'ordre des sœurs bleues, pour lesquelles elle ne cessa d'être un sujet d'admiration. Maria AGNESI s'éteignit en 1799. Elle laisse un livre « *l'Instituzione* » qui permit au savant français LAGRANGE de s'informer des travaux de ses prédécesseurs sur le Calcul Différentiel et Intégral alors naissant.

- **Sophie GERMAIN**

Née le 1er avril 1776, Sophie GERMAIN est la fille d'un riche négociant en soieries qui, acquis aux idées libérales, participa activement à la révolution française. À l'âge de treize ans, lassée de trop de discussions politiques, elle trouve dans la bibliothèque de son père un refuge rassurant et intellectuellement stimulant.

S'affirme alors en elle une vive attirance pour les mathématiques, qu'elle découvre d'abord dans l'« *Histoire des Mathématiques* », de MONTUCLA, le premier historien de cette discipline. Ses parents n'apprécient guère une passion qui la fait se lever la nuit et dévorer des livres à la lumière d'une bougie…

L'École Polytechnique existait depuis 1775. Sophie GERMAIN utilise alors comme pseudonyme le nom d'un ancien de cette école pour entrer en contact avec Joseph LAGRANGE et participer à des rencontres de savants. Le sentiment de sa valeur intellectuelle, tout autant que celui de l'égalité entre hommes et femmes, l'amènent à exclure de ses relations Joseph LALANDE, qui eut la malencontreuse idée de lui offrir son ouvrage « *L'Astronomie des Dames* ».

Puis vient la correspondance avec Cari Friedrich GAUSS et les premières découvertes arithmétiques de Sophie GERMAIN. Au moment de la bataille napoléonienne d'Iéna, Sophie GERMAIN, très impressionnée par ce qui était arrivé à ARCHIMEDE pendant le siège de Syracuse, demanda au Général PERNETY de protéger la mathématicien allemand alors dans cette ville. Voici ce que lui répondit le savant, le 30 avril 1807 : « *Comment vous décrire mon admiration et mon étonnement, en voyant se métamorphoser mon correspondant estimé M. LEBLANC en cet illustre personnage qui donne un exemple aussi brillant de ce que j'aurais peine à croire. Le goût pour les sciences abstraites en général, et surtout pour les mystères des nombres, est fort rare : on ne s'en étonne pas, les charmes enchanteurs de cette sublime science ne se décèlent dans toute leur beauté qu'à ceux qui ont le courage de l'approfondir. Mais lorsqu'une personne de ce sexe, qui par nos mœurs et par nos préjugés, doit rencontrer infiniment plus d'obstacles et de difficultés, que les hommes, à se familiariser avec ces recherches épineuses, sait néanmoins franchir ces entraves et pénétrer ce qu'elles ont de plus caché, il faut sans doute qu'elle ait le plus noble courage, des talents tout à fait extraordinaires, le génie supérieur.* »

À partir de 1809, Sophie GERMAIN change de domaine de recherche et s'oriente vers la Mécanique des Vibrations. L'Académie des Sciences de Paris proposait alors un sujet difficile : « *Donner la théorie mathématique des surfaces élastiques et la comparer à l'expérience.* »

Sophie GERMAIN fut l'un des rares savants, avec Siméon Denis POISSON, à s'y confronter. Elle présenta trois mémoires en 1811, 1813 et 1815 et obtint le grand prix de l'Académie en 1816. Ses résultats seront ultérieurement repris et corrigés par Augustin CAUCHY et GAUSS qui utiliseront le concept d'« invariant » d'une surface courbe et des techniques variationnelles délicates.

Sa rencontre et son amitié avec Jean-Baptiste FOURIER console un peu Sophie GERMAIN de l'isolement dans lequel la maintient la communauté scientifique… masculine. Son intérêt mathématique restera centré sur les surfaces élastiques et la courbure des surfaces. Elle aura le souci « positiviste » de séparer l'objet des mathématiques de la « recherche des causes ».

Soit dit en passant, ce souci est sain. Il serait bon de le redécouvrir aujourd'hui, surtout en Médecine, où les prodigieuses connaissances anatomiques, biophysiques et biochimiques ont insensiblement glissé vers une fonction causale. Cela explique peut-être le succès des médecines parallèles et psychologiques.

Dans les dernières années de sa vie, Sophie GERMAIN se tourne vers des questions culturelles plus générales. Sa curiosité, son charme et son humour la font apprécier de tous. Elle décède en 1831 d'un cancer du sein, quelques mois avant que GAUSS ne réussisse à persuader l'Université de Göttingen de lui attribuer le titre de « Docteur honoris causa ». L'année qui suit son décès voit la publication de son essai philosophique : « *Considérations générales sur les Sciences et les Lettres* » où elle fait l'apologie de l'analogie.

L'analogie existe, l'esprit humain la reconnaît, elle permet de trouver puis d'ordonner les lois de l'univers. Emportée par son idéalisme scientiste et voyant dans l'ère industrielle un accomplissement positif de l'Histoire, Sophie GERMAIN exprime aussi dans cet essai son sentiment qu'un état métaphysique a précédé l'état scientifique.

- **Sonia KOVALEVSKAIA**

La vie de cette mathématicienne est plutôt romantique et on peut imaginer qu'elle inspirera un jour un cinéaste. Comme celle du Français Évariste GALOIS, du Norvégien Niels ABEL ou encore du Napolitain Renato CACCIOPOLI, cette vie est marquée par une soif d'absolu que l'univers du Calcul n'était pas apte à étancher.

Sonia KRUKOVSKI est née en 1850 dans une famille de la bonne société russe de Moscou. On explique par un milieu familial favorable son attirance, dès l'enfance, pour l'étude des mathématiques.

Elle raconte même dans ses « *Souvenirs d'enfance* » – car Sonia KOVALEVSKAIA fut aussi écrivain – que, sa famille ayant déménagé quand elle avait environ six ans de six ans à Palibino, près de la frontière lituanienne, ses parents voulaient changer le papier peint des chambres d'enfants. Comme il n'y avait pas assez de nouveaux papiers peints, l'une des pièces resta inachevée et son mur resta tendu d'un simple papier… fait de feuilles lithographiées de cours magistraux d'OSTROGRADSKI sur le Calcul Différentiel et Intégral !

En Russie, elle ne peut aller jusqu'au bout de sa passion pour les mathématiques car l'université était interdite aux femmes. Aussi, pour pouvoir continuer ses travaux et aussi pour échapper à l'autorité paternelle, épouse-t-elle par convenance un chercheur en paléontologie, Vladimir KOVALEVSKI, devenant donc Madame Sonia KOVALEVSKAIA.

Elle participe activement au mouvement nihiliste, et en particulier défend ardemment la cause des femmes. Elle part en 1869 vers l'Allemagne avec son mari. Après deux années d'études avec KONIGSBERGER, Sonia décide d'aller étudier sous la direction du grand Karl WEIERSTRASS. Elle part donc à Berlin où il professait en 1870. En 1874, elle soutient, à l'université de Göttingen, sa thèse de doctorat. Toutefois, elle ne vit pas que par et pour les mathématiques, et, suite à de longues années studieuses aux côtés de WEIERSTRASS, entrecoupées par un séjour à Paris, où elle participa à la Commune, elle éprouve le besoin de rentrer en Russie et de rompre un moment avec une discipline qui la passionne.

Après des déboires personnels – une liaison sans lendemain avec un jeune poète révolutionnaire polonais – et familiaux – le suicide en 1883 de son mari Vladimir, ruiné, la maladie de sa sœur Aniouta – elle réagit en revenant dans la communauté mathématique où, après quelques difficultés, elle accède à la consécration.

En 1883, elle obtient grâce au mathématicien Gustave MITTAG-LEFFLER, qui devient un ami, d'abord un poste provisoire de « Privat-Docent » à l'université de Stockholm, puis, pour cinq ans, un poste de professeur à part entière. Elle racontera ses premières années d'enseignante dans un livre intitulé « *The Privat-Docent* », Pour la petite histoire – mais est-ce vraiment la petite ? – il semble que ce soit la jalousie d'Alfred NOBEL, un autre « ami » de Sonia, qui soit cause de la non-existence d'un prix Nobel en mathématique !

Les travaux de Sonia KOVALEVSKAIA se situent dans la lignée de ceux de WEIERSTRASS qui a introduit un formalisme arithmétique pour réduire le rôle de l'intuition en Analyse.

En 1888, elle reçoit de l'Académie des Sciences à Paris le Prix Bordin. Son mémoire « *Perfectionner en un point important la théorie du mouvement d'un corps solide* » fut apprécié par le jury.

En 1889, elle reçoit un autre prix de l'Académie de Stockholm et devient la première femme correspondante de l'Académie des Sciences de Moscou. Malgré cela, on ne lui propose pas de poste de professeur en Russie.

Elle a travaillé dans le domaine de la théorie des équations aux dérivées partielles, de la théorie des intégrales abéliennes, de l'analyse vectorielle, des applications de la théorie des fonctions elliptiques, des applications à l'Analyse de la théorie des nombres. Sa contribution principale est « *le théorème de Cauchy-Kovalevski* », qui établit sous des conditions précises l'existence de solutions pour des équations aux dérivées partielles.

Ses cours à Stockholm sont très appréciés et portent sur des sujets à la pointe de la recherche. Cette jolie femme au visage rieur et énergique, a eu aussi le souci de transmettre le flambeau par sa participation active au journal « *Acta mathematica* » et au rapprochement entre l'École mathématique russe et l'École mathématique allemande.

C'est lors d'un voyage entre Moscou et Stockholm, durant l'hiver 1891, que Sonia tombe malade. Elle meurt quelques jours plus tard dans la capitale suédoise. Elle était âgée d'un peu plus de quarante ans. Elle laisse à la science et à sa fille de treize ans, Fufa, une œuvre multiple de mathématiques, de littérature et même de création théâtrale.

- **Emily dite Emmy NOETHER**

Cette mathématicienne allemande née en 1882 fut une des créatrices de l'Algèbre moderne. Elle a, en particulier, développé les concepts fondamentaux introduits par les recherches de Jules-Henri POINCARE.

Soutenue par le grand mathématicien David HILBERT, elle ne put cependant pas devenir enseignante en titre à l'université de Göttingen durant la première guerre mondiale. Un des professeurs le justifiait ainsi : « *Que penseront nos soldats quand, après la victoire, ils reviendront à l'Université et se trouveront aux pieds d'une femme ?* » Ce à quoi HILBERT répliqua fort justement : « *Je ne vois pas ce que le sexe de la candidate a à voir avec la question. Après tout, nous ne sommes pas dans un établissement de bains.* » Mais tout le crédit scientifique d'HILBERT fut impuissant et Emily NOETHER ne fut nommée professeur qu'en 1922, et encore, elle était professeur sans traitement. Elle quitta l'Allemagne au moment du nazisme et émigra aux États-Unis.

2. QU'EST-CE QUE « FAIRE DES MATHÉMATIQUES » ?

Cinq femmes, six avec Sophie PICARD, plus sans doute si on inclut l'époque moderne, cela fait quand même peu dans cet immense cortège de ceux qui, depuis l'origine des âges, ont porté un peu plus haut, un peu plus loin la flamme du Calcul.

Dieu serait-il misogyne ? Lui dont seul le nom, peut-être, relève d'un genre exclusivement masculin ?

Il faut s'entendre. Que signifie « être mathématicien » ? Il apparaît que l'on peut distinguer trois niveaux.

• La compréhension

Avant de transmettre aux autres et peut-être d'appliquer un concept abstrait, il faut d'abord le comprendre. L'activité mathématique, c'est d'abord cela : faire sien ce que d'autres ont découvert, s'en émerveiller, s'en nourrir pour son enrichissement culturel et, parfois, pour sa croissance spirituelle. Nul besoin d'avoir participé à sa création pour en tirer une éventuelle application. Tel est le premier champ de l'activité mathématique : comprendre et appliquer.

• La transmission du savoir

Quand une découverte mathématique a su résister à l'épreuve du temps, quand elle s'intègre à ce qui la précède sur le plan du savoir, vient alors le temps où elle est choisie par les hommes pour être enseignée et former les esprits. Apparaît alors un autre talent, valant à part entière celui de chercheur : celui de pédagogue. N'est pas toujours bon pédagogue celui qui a bien compris sur le plan intellectuel, surtout dans cette difficile discipline mathématique où on frôle toujours les abîmes du dogmatisme.

Qui oserait prétendre que, dans les deux aspects qui viennent d'être décrits, les talents requis sont plus masculins que féminins ? La grande proportion de femmes aujourd'hui occupées à une activité mathématique, et avec succès, apporterait un démenti. La part de la création nouvelle est minime, voire infime, par rapport à celle qui consiste à manipuler mentalement, à assimiler, ce que d'autres ont déjà découvert.

La recherche universitaire ou les instituts de recherche eux-mêmes, en dépit de leurs noms, ont souvent pour première fonction utile et effective de mémoriser, d'établir des passerelles, de parfaire l'immense patrimoine déjà existant. Les meilleures bibliothèques sont encore celles qui circulent sur deux jambes.

- **L'inédit de la création**

Demeure l'idée nouvelle, celle qui sera féconde, qui ne terminera pas sa trajectoire dans le tiroir d'un bureau. À sa modeste place toute scientifique, elle participera à ce fleuve qu'on appelle l'Histoire. L'invention !

Et là, il faut avouer que nous sommes plongés dans le mystère. Pourquoi telle idée plutôt qu'une autre, tout aussi cohérente ? Pas plus que celle des espèces, la sélection des idées – ou des sentiments, ou même de ce que la mémoire retient – ne peut être totalement analysée. Il semble qu'un concept nouveau ait besoin, avant d'éclore à la surface des choses, d'une lente maturation et d'un lieu où maturer. L'esprit masculin serait-il plus propice que l'esprit féminin à recevoir et abriter cette forme de la dialectique en la fragilité de ses débuts ? Le mot « concept » est là pour nous rappeler une analogie avec la vie en son intime commencement. Si l'aptitude à la pensée abstraite, en sa genèse, était identique chez l'homme et chez la femme, est-ce que cela ne contrarierait pas l'égalité entre les deux sexes ? Car, il revient à la femme d'abriter la vie en son intime commencement. N'est-ce pas parce que nous attribuons à la création intellectuelle une place plus importante que toute autre forme de création, parce que nous mettons une échelle de valeur là où il y a seulement une différenciation des rôles, que cette différenciation nous paraît suspecte.

Et pour ramener à sa juste place une aptitude à l'abstraction qui serait plutôt masculine, il ne faut pas oublier que s'y mêle souvent une inclination pas toujours altruiste, celle de jouer. Voici une anecdote que m'a racontée une collègue et amie de l'université de Savoie qui participait un jour à un congrès de mathématique. Elle s'aperçut qu'elle était la seule femme d'un aréopage de chercheurs masculins. Elle questionna alors ses collègues sur le « pourquoi » d'une telle situation et il lui fut répondu : « *Parce que les femmes ne savent pas jouer.* »

Reste à vivre cette différenciation des rôles masculins et féminins, dans le respect mutuel et parfois même l'harmonie, sans exagérer cette différence et en étant attentif à un projet divin sur l'humanité, qui, souvent, dérange nos habitudes.

Il est intéressant, en ce sens, d'éclairer notre réflexion par une relecture des premières pages de la Bible.

3. ÉGAUX ET DIFFÉRENTS

Il existe aujourd'hui, en particulier chez les théologiens catholiques, un courant de pensée encore minoritaire, qui remet en cause « l'historicité » du premier chapitre de la Genèse. Plus loin encore que la « durée » de la Création, beaucoup s'interrogent sur l'existence réelle du Jardin d'Éden et sur cette fameuse « faute originelle » qui aurait introduit le Mal dans notre condition humaine. Sans nier l'existence introduit le Mal dans notre condition humaine.

Sans nier l'existence de ce mal et la nécessité de la médiation du Christ pour nous en arracher, ce courant de pensée attribue au qualificatif « originel » un sens plus chronologique que causal.

Nous n'entrerons pas dans ce débat, hors du propos de notre livre. Que ce premier chapitre de la Genèse soit « historique » ou ne le soit pas n'enlève rien à ce qu'il nous dit de nous-mêmes, de Dieu et de son projet de Salut envers l'humanité. Quel enseignement peut-on en tirer pour les places respectives de l'homme et de la femme dans l'Histoire ?

- **Le double récit de la Création dans la Bible**

Le récit biblique de la Création du monde est en fait composé de deux récits. Le premier de ces récits qui apparaît dans l'Écriture est qualifié de « sacerdotal », le second de « yahviste ».

Le premier de ces récits est un texte élaboré, assez sobre, écrit peu de siècles avant la venue du Christ pour un peuple déjà évolué. Dans ce récit, les êtres viennent à l'existence à l'appel de Dieu, selon un ordre croissant de dignité, jusqu'à l'homme, image de Dieu et roi de la Création

La création du couple est évoquée en ces termes :

À l'image de Dieu, il le créa
Dieu créa l'homme à son image
Homme et femme il les créa.

Le Mystère Trinitaire, qui nous sera révélé par le Christ, est déjà présent dans cette ressemblance de l'homme, tout à la fois singulier et pluriel, avec Dieu.

Cette phrase de la Bible fonde la radicale égalité entre l'homme et la femme. Une égalité qui, pour l'essentiel, reste encore à conquérir dans la pratique. Il y a encore fort à faire dans le monde pour que la femme accède à une véritable égalité, en particulier pour qu'elle puisse décider, au même titre que son compagnon, de donner ou ne pas donner la vie.

Mais la frontière est mince entre idéal et idéologie. L'ardeur de la cause égalitaire peut amener à confondre cette égalité avec l'identité. Le second récit de la Création, le récit « yahviste », a été écrit beaucoup plus tôt, à peu près un millénaire avant le Christ, à partir d'une longue tradition orale. Ce récit nous dit que la femme fut créée en un second temps, depuis une côte tirée de l'homme. Comment interpréter ce décalage, sans altérer l'unité avec le premier récit de la Création ?

Voici une interprétation qui m'a été donnée par un prêtre, celui-là même qui m'a éclairé de son érudition bienveillante quant aux références bibliques et liturgiques de ce livre.

On peut penser qu'au travers d'images plutôt déconcertantes, Dieu va, en quelque sorte, nous faire confidence de sa pensée et de la façon dont il a « mûri » son projet. On dirait qu'Il a été, si l'on peut dire, fasciné par cet être unique qui sera le sommet de sa Création. Comme il le dira plus tard à Sainte CATHERINE de Sienne : « *Lorsque j'ai créé l'homme, j'ai regardé en moi-même... et j'ai été saisi d'amour pour la beauté de ma créature.* »

Ce chef-d'œuvre d'intelligence, d'amour, de liberté demeure unique en se distinguant de tous les autres vivants : cet « homme » – le nom d'Adam n'apparaît pas encore – pourra passer en revue « *les animaux, les oiseaux du ciel et les bêtes des champs* » – les posséder par la connaissance – « *en donnant un nom à chacun* ». Mais, s'il demeure un être indifférencié, asexué, il ne trouve pas son pareil avec qui entrer en dialogue et en partenariat, « *une aide qui lui corresponde* ».

Cet autre lui-même, distinct, différent et semblable, « l'homme », ne le trouvera qu'en lui-même, en quelque sorte. L'action créatrice va dégager, faire apparaître en deux êtres, en deux personnes, les valeurs, les richesses d'humanité qu'une seule des deux ne suffirait pas à révéler. En ces deux êtres, ces richesses seront mises en valeur, diversement nuancées, diversement accentuées et ainsi épanouies.

Tout cela se passe la « nuit », dans une mystérieuse action qui évoque une chirurgie sous anesthésie et que figure le « *mystérieux sommeil* » dont parle notre texte, sommeil pendant lequel Dieu « *opère* »... Et, quand vient le « réveil », c'est l'émerveillement d'une prise de conscience où chaque sexe peut dire : « *Cette fois-ci, voilà l'os de mes os et la chair de ma chair* », Ni sosie, ni clone pourtant…

Cette manière métaphorique d'interpréter le récit de la Création, un peu comme un « ralenti » du premier récit, doit-elle effacer une interprétation plus littérale ? La prudence amène à ne pas écarter une interprétation plus directe, qui éclaire certaines différences entre l'homme de sexe masculin et l'homme de sexe féminin.

Ainsi, serait-ce ce laps de temps passé seul avec son Créateur qui rendrait l'homme de sexe masculin plus enclin, en général, à la pensée abstraite ? Serait-ce l'origine physiologique de la femme qui la rendrait plus réaliste, souvent plus solide psychologiquement ? Un détail a son importance. C'est après que l'homme a été amené à « nommer » les éléments de la Création que Dieu lui adjoint une compagne. Cette « analyse » de la nature faite en compagnie de Dieu ne préfigure-t-elle pas le développement de la pensée scientifique ?

Hors des sentiers de la rationalité, il est une considération, relevée d'ailleurs par le théologien Xavier LACROIX, qui mérite d'être entendue, à défaut d'être écoutée… La femme ne paraît-elle pas, à certains égards, plus achevée que l'homme, ne serait-ce que par les sommets de la grâce qu'elle atteint dans la fleur de son âge ? Un peu comme si un invisible potier voulait signifier par-là l'ultime touche de son art.

La science vous éclairera-t-elle indirectement un jour sur une possible antériorité de l'apparition de l'homme de sexe masculin ? La question semble désuète. Entendons-nous. La science n'a pas à connaître de questions métaphysiques, et moins encore à justifier la Bible. Mais quelques découvertes récentes tendent à présenter le récit de la Genèse comme autre qu'une simple fiction littéraire.

Ainsi, jusqu'à une date récente, et sans pouvoir trancher, la science penchait pour l'existence d'un cosmos éternel, parce que les lois physiques les plus fondamentales paraissaient être des lois de conservation. La mise en relief de l'expansion de l'univers a entraîné l'hypothèse du « big-bang » et aujourd'hui, l'idée d'un commencement s'accorde mieux avec les faits.

Ainsi, en ce qui concerne l'apparition de l'homme dans la chaîne de l'Évolution, prévaut l'hypothèse du polygénisme selon lequel l'espèce humaine actuelle serait issue de plusieurs groupes ou couples appartenant à la même lignée, et cela de manière indépendante et simultanée, en des lieux différents. Or, des découvertes récentes de biologie moléculaire rendent crédible l'hypothèse du monogénisme, selon laquelle l'humanité descend d'une seule femme qui aurait vécu en Afrique ou au Proche-Orient, il y a 200 ou 250.000 ans. Au point que les savants ont appelé « l'Eve africaine » cet hypothétique ancêtre commun.

Rendons à la Bible son rôle propre, qui est celui du sens plutôt que du comment. Elle n'a pas fini de nous interroger et de nous instruire sur le temps présent.

Le troisième chapitre de ce premier livre de la Genèse clôt l'histoire de la Création. La « domination » de l'homme sur la femme est exprimée par Dieu comme une conséquence de la désobéissance du couple.

Or cette désobéissance est effacée par Jésus, au terme de sa rude mission terrestre. En conséquence, tout au long d'une Évolution dont le Christ est l'articulation majeure, l'action de l'Esprit-Saint vise aussi à rétablir – ou peut-être à établir, si l'Éden est devant nous – l'égalité entre l'homme et la femme. Il est normal que les pulsions libératrices qui animent l'Histoire débordent parfois d'une juste appréciation entre égalité et identité de l'homme et de la femme.

Entre machisme et féminisme, le sentier du progrès et celui de la simple survie spirituelle, longe les abîmes. D'autant que, peut-être, nous nous approchons, lentement mais sûrement, de la fin de l'Histoire. Il deviendra de plus en plus difficile de discerner entre ce qui ressortit à la promotion humaine et ce qui relève d'un piège de l'Adversaire, qui voit venir la fin de son règne. En le verset 20 du chapitre 24 de l'Évangile de Matthieu, le Christ nous le dit clairement : « *La détresse sera si grande qu'il n'y en a point eu de pareilles depuis le commencement du monde.* »

Un juste équilibre entre la place respective de l'homme et celle de la femme dans la vocation au bonheur et à la fécondité voulue par Dieu ne peut se passer, me semble-t-il, de ce que charrient toutes les traditions religieuses de l'humanité, et en particulier des traditions monothéistes autres que chrétiennes. Car si les chrétiens font mémoire d'une Parole de salut et tentent de la vivre dans un idéal, il faut reconnaître qu'entre idéal et idéologie, la frontière est vite franchie.

Nous avons besoin les uns des autres pour maintenir le cap du bateau sur lequel nous sommes tous embarqués.

CHAPITRE 8

Le réveil d'un peuple

Le siècle qui vient de se terminer a été fertile en événements terribles et merveilleux, en découvertes de toute sorte qui ont donné à l'homme une liberté d'agir jusqu'alors inégalée.

De tous les évènements marquants, l'un d'entre eux a une importance particulière. Après vingt siècles d'errance, un peuple a retrouvé une patrie.

Le peuple juif, celui qui, de longs siècles durant, porta la tendresse du Seigneur, retrouve une terre. Jamais mort et résurrection du Christ ne s'étaient réfléchies si intensément dans l'Histoire qu'en cette tentative d'anéantissement, que fut la Shoah, suivie du jaillissement de l'État d'Israël.

Ce recouvrement de l'identité territoriale, qui, peut-être, précède le recouvrement de l'identité spirituelle a été précédé par le retour des Juifs au dialogue culturel et social, la sortie de leur ghetto psychologique. Et dans ce réveil culturel, l'expression du talent mathématique a joué sa partition.

Dans ce chapitre, nous nous proposons de rappeler la part éminente que les savants juifs, surtout depuis deux siècles, ont apportée au développement de la science mathématique.

Dans un premier temps, il nous faut brièvement rappeler que ce réveil a été voulu par un Père qui n'a jamais oublié le premier choisi parmi les peuples qu'Il veut rassembler autour de son Fils. Dieu tient parole.

1. LES PROPHÉTIES DU RETOUR ET LEUR TRIPLE SIGNIFICATION POSSIBLE

On sait combien l'apôtre PAUL a porté en son cœur, comme le Christ lui-même, le chagrin de ne pas être reconnu par ses frères de sang : « *J'éprouve une grande tristesse et un chagrin continuel* », dit-il dans l'épître aux Romains. Dans le verset 25 du chapitre XI de cette même épître, PAUL pressent le retour des Juifs vers le Christ :

« *Car je ne veux pas, frères, que vous ignoriez ce mystère, afin que vous ne vous regardiez point comme sages, c'est qu'une partie d'Israël est tombée dans l'endurcissement, jusqu'à ce que la totalité des païens soit entrée.* »

Quelques phrases plus tôt, au verset 12 du même chapitre XI, PAUL laisse entendre même qu'un rôle particulier serait dévolu à l'aîné des peuples qui composent la famille des enfants de Dieu :

« *Or, si leur chute a été la richesse du monde, leur amoindrissement la richesse des païens, combien plus en sera-t-il quand ils se convertiront tous.* »

Pareillement à cette intuition de PAUL, on ne peut rester insensible à l'unité des prophéties de l'Ancien Testament prédisant un retour des Juifs dans leur patrie spirituelle. PAUL appuie sa parole de l'une de ses prophéties, émanant d'ISAÏE :

« *De Dieu viendra le libérateur et Il détournera de Jacob les impiétés et ce sera mon alliance avec eux quand j'enlèverai leurs péchés.* »

Mais il est de multiples autres prophéties, ainsi que des psaumes moins culpabilisants, et même remplis d'allégresse, concernant les retrouvailles des Juifs avec leur terre, en même temps qu'avec le Dieu trinitaire. Laissons à EZECHIEL le soin de les résumer en une seule phrase, rapportée dans le verset 14 du chapitre XXXVII du livre d'EZECHIEL, phrase où le spirituel est intimement associé au temporel :

« *Je mettrai mon Esprit en vous et vous vivrez et je vous placerai sur votre sol, et vous saurez que moi, Yahvé, je dis et j'exécute, oracle du Seigneur.* »

On peut donner deux interprétations extrêmes à ces prophéties du retour.

La première concerne l'histoire même du peuple d'Israël, de ses exils et de ses séparations, avant qu'il ne donne au monde le Rédempteur.

La seconde interprétation est eschatologique et évoque la Jérusalem Céleste.

On peut raisonnablement imaginer une troisième signification à ces « prophéties du retour », celle de la conclusion de l'histoire du Salut, et de l'histoire des nations, dans le sens des paroles de l'apôtre PAUL. L'intuition qui accorde au naturel de précéder parfois le spirituel peut induire à penser que le recouvrement d'une continuité temporelle précède, pour certains d'entre les Juifs, celui d'une continuité spirituelle interrompue par le rejet de divinité de Jésus. Il ne manque pas de Juifs qui, dans le secret de leur cœur, confrontent une lecture scrupuleuse de la Bible avec la vie de l'homme de Nazareth ou encore, d'hommes et de femmes assoiffés de paix qui s'interrogent en profondeur sur l'animosité séculaire entre le Judaïsme et l'Islam.

Bien des paroles du Christ lui-même laissent entrevoir ce retour de l'enfant prodigue, telles : « *Bien des premiers seront des derniers* », Bien des actes du Christ peuvent être interprétés symboliquement en ce sens. Ainsi en est-il de la résurrection de Jaïre, fille du chef de la synagogue, à qui Il ordonna : « *Talitha koum* », ce qui signifie : « *Jeune fille, lève-toi* », après qu'Il eut dit à ceux qui l'entouraient de leurs lamentations : « *Cette enfant n'est pas morte, mais elle dort.* »

Il est aussi dans les Évangiles un mystérieux figuier desséché et un figuier qui se met à reverdir à la fin des temps…

2. LE RETOUR DE L'ENFANT PRODIGUE ?

Or, que constate-t-on aujourd'hui, depuis un ou deux siècles, en deçà des deux grands événements qui bouleversent le destin de millions de Juifs : la Shoah et la naissance de l'État d'Israël.

Ceux qui étaient mis à part, de leur fait ou du fait de la méfiance des nations, sont sortis, lentement mais sûrement, de leur isolement social. Non seulement, les juifs ont reconquis le droit à la parole, mais ils sont souvent les artisans de la modernité, en tous domaines. Que ce soit en politique, en économie, en médecine, dans les arts et dans les sciences ou même dans l'Église dont ils ne furent jamais absents, les enfants d'Abraham par la chair brillent comme étoiles dans un ciel d'août.

Certes, ce dynamisme juif ne va pas sans équivoque.

Qui, en économie, a rappelé que la seule valeur marchande était le travail de l'homme, quand bien même ce travail était nécessaire pour gérer le capital ? Un Juif allemand, Karl MARX, néenl818.

Qui, en médecine, a rendu au spirituel sa prééminence sur le matériel, en faisant du corps le dépositaire de la mémoire de l'homme, par le biais de l'inconscient ? Un Juif autrichien, Sigmund FREUD, né en 1856.

Qui a élaboré la Théorie de la Relativité par laquelle l'énergie nucléaire a pu être maîtrisée ? Un Juif allemand, Albert EINSTEIN, né en 1879.

Qui a permis une régulation des naissances efficace, en inventant la pilule anticonceptionnelle, changeant ainsi le cours de l'histoire de la femme et de celle de la famille ? Un Juif américain, Grégory PINCUS, né en 1903.

Voilà autant d'inventions dont le caractère religieux et salutaire est plus que discutable. Que cela ne nous fasse pas oublier la multitude des œuvres de paix, en Médecine, en Droit, dans le domaine de la solidarité humanitaire et dans tous les registres de l'Art. Un livre ne suffirait pas à décrire la contribution des paroliers et des musiciens d'ascendance juive dans la chanson française.

Cette vie qui, depuis deux siècles, vivifie un peuple jadis peu ou prou en léthargie, on peut la rapporter au mérite et au courage des intéressés, et aussi au fait que le déracinement stimule toujours les œuvres de l'esprit.

Dans un registre moins visible, on peut peut-être aussi rapporter cette sève vivifiante à l'émotion du Seigneur, brûlant de l'espérance de retrouver son enfant éloigné et allant à sa rencontre. Le Seigneur Lui-même n'a-t-il pas avoué, par la bouche du prophète ZACHARIE : « *J'éprouve un amour très jaloux pour Jérusalem* » ?

Les peuples sont tous appelés à une égale dignité. L'arrivée du Christ parmi nous a vidé de son sens l'expression « *Peuple élu* ». Puissent les Juifs d'Israël le comprendre face au peuple palestinien ! Il demeure que, pour entrer dans notre histoire, Dieu a voulu une médiation et que ses dons sont sans repentance. L'intelligence que l'on accorde parfois aux Juifs serait-elle une « mémoire » des premières épousailles du Seigneur avec l'humanité ? Le fait est que cette inclination à la pensée abstraite a donné lieu à de beaux fruits mathématiques.

3. LA CONTRIBUTION MODERNE

Les savants d'origine juive furent toujours présents sur la scène mathématique. Il y eut au 12e siècle, dans le sillage des mathématiques arabes, SAVASORDA en Catalogne et AL-SAMAWAL à Bagdad. Plus près de nous, en France, et nés au 19e siècle, il y eut Maurice LEVY et, plus tard, Paul LEVY à qui on doit la « *Loi du Tout ou Rien* » en Calcul des Probabilités.

Depuis le début du 20e siècle, cette participation à l'aventure de la pensée mathématique est très vive. Certes, le mélange ethnique, l'émigration spirituelle des uns et des autres, l'essor d'un athéisme humaniste respectueux des croyances de chacun comme la simple pudeur nous interdisent tout recensement précis. En ce qui concerne la seule France, que l'on dit la patrie des Droits de l'Homme, on peut évoquer les noms d'Elie CARTAN et de son fils Henri, d'André WEIL, le frère de la philosophe, de Laurent SCHWARTZ et d'André LICHNEROWICZ. Plus près de nous, le rejet violent de l'institution, la révolte de l'algébriste Alexandre GROTHENDIECK, tout excessifs qu'ils paraissent, témoignent de la présence de l'Esprit en l'homme et de sa soif secrète. Merci, Alexandre GROTHENDIECK !

Le premier en 1950, le second en 1966, SCHWARTZ et GROTHENDIECK furent honorés de la médaille Fields qui est la décoration la plus élevée pouvant être décernée à un mathématicien. Décernée tous les quatre ans depuis 1936, sauf interruption pendant la guerre, cette récompense équivaut un peu à ce qu'est le prix Nobel pour les autres sciences. L'âge limite requis pour cette distinction étant de quarante ans, Elie CARTAN et André WEIL durent se satisfaire du prix Wolf, tout aussi honorable.

Et puisque, dans les pages qui suivent, le choix se porte sur Paul COHEN pour illustrer l'idée centrale de ce chapitre, adjoignons à ce savant américain deux homonymes français pour en faire, en quelque sorte, les ambassadeurs de la riche participation des chercheurs et des enseignants d'ascendance juive dans l'activité mathématique française d'aujourd'hui.

Henri COHEN, professeur à l'université de Bordeaux, s'applique dans ses recherches à relier l'informatique et l'Arithmétique. Gilles COHEN, professeur en classes préparatoires au lycée Saint Louis, a donné et donne encore une dynamique impulsion aux championnats, rallyes et olympiades mathématiques en France.

Ce très bref aperçu sur la contribution de savants d'origine juive à la créativité mathématique française peut être clos par la mémoire de celui qui repose dans le petit cimetière de Housseras, dans les Vosges, Wolfgang-Vincent DOBLIN. Tandis que son bataillon était encerclé sur le front des Ardennes en 1940, le caporal DOBLIN choisit de mettre fin à ses jours plutôt que d'être fait prisonnier par la Wehrmacht. Auparavant, il avait adressé le fruit de ses recherches à l'Académie des Sciences de Paris sous la forme d'un pli cacheté. Le pli fut ouvert le 18 Mai 2000. Nous savons encore peu de chose sur son contenu, sinon qu'il porte sur le Calcul des Probabilités et que l'Académie l'a commenté en ces termes : « *Ce texte fait véritablement le pont entre les recherches analytiques précédant la Seconde Guerre mondiale et l'avancée des probabilités à la suite des travaux d'ÎTO dans les années cinquante.* »

C'est cependant en U.R.S.S. et surtout aux États-Unis que les savants d'origine juive apportèrent la plus belle contribution à l'avancée des mathématiques. Cela est vrai en particulier dans le domaine des fondements logiques comme l'illustre ce qui suit.

Avant de parler d'un exemple de cette contribution, arrêtons-nous un instant sur un fait qui a toute son importance dans l'esprit de ce livre. Que ce soit en France ou ailleurs, les mathématiciens du 20e siècle se montrèrent en général sensibles à la défense des Droits de l'Homme et à la promotion d'une conscience universelle apte à humaniser la mondialisation dans laquelle nous nous immergeons inévitablement. N'évoquons que le nom de Maurice AUDIN, cet assistant de la Faculté des Sciences d'Alger dont aujourd'hui une place de cette même ville porte le nom, en mémoire de son engagement pendant la guerre d'indépendance et de sa disparition tragique. Mais on peut dire que ce souci humaniste a été vif chez les mathématiciens d'origine juive. Entre autres Laurent SCHWARTZ s'est vigoureusement battu contre la guerre d'Algérie, et la guerre américaine au Viêt-Nam. Dans le cadre du comité des mathématiciens qu'il créa pour lutter contre l'arbitraire dont sont victimes certains savants dans le monde, il défendit avec vigueur Léonid PLIOUCHTCH en U.R.S.S. et José Luis MASSERA en Uruguay. Alexandre GROTHENDIECK lutta lui aussi vivement contre la guerre américaine au Viêt-Nam, en plus de son engagement écologique. En U.R.S.S., parmi les « dissidents » qui préparèrent la Perestroïka, ne citons que Grégori FREIMAN et Anatoli CHTCHARANSKI qui prirent des risques pour défendre le droit à l'émigration en Israël.

Parfois la solution d'un problème qui est resté longtemps ouvert marque la fin d'une ère ou d'un domaine mathématique, le point culminant d'années d'efforts. Dans d'autres cas, elle peut ouvrir un nouveau secteur de recherches, auquel on n'avait pas pensé. Tel fut le cas de la découverte en 1963, par le jeune mathématicien Paul COHEN, de l'université de Stanford aux U.S.A., de la solution d'un problème posé par Georg CANTOR.

En reconnaissance de son travail, Paul COHEN reçut en 1966 la médaille Fields, non pas seul, mais avec trois autres mathématiciens : ATIYAH, GROTHENDIECK et

SMALE, car cette médaille est attribuée à un minimum de deux chercheurs.

Jusqu'en 1963, un mathématicien confronté à la question de savoir si une proposition mathématique était vraie ou fausse avait deux possibilités : ou prouver qu'elle était vraie ou prouver qu'elle était fausse. L'expérience et l'intuition sont souvent les seuls guides pour savoir laquelle de ces deux voies justifie les plus grands efforts, et un mauvais choix peut conduire à d'immenses pertes de temps, du fait qu'on essaie de réaliser l'impossible. Mais on sentait toujours qu'on finirait par trouver une réponse. Ce qu'a fait COHEN, c'est détruire à jamais cette croyance réconfortante, en démontrant qu'il y a des propositions mathématiques qui ne sont ni vraies ni fausses, mais « *indécidables* », En fait, l'existence de propositions indécidables avait été établie par Kurt GODEL dès 1930, mais on ne pensait pas que cela affecterait les mathématiques ordinaires, celles de la pratique quotidienne, autant que l'ont fait les résultats de COHEN.

Nous n'entrerons pas dans le détail de cette problématique logique sophistiquée. Disons seulement que les découvertes de GODEL et de COHEN ont détruit l'ambition formaliste de beaucoup qui pensaient qu'on pouvait asseoir l'édifice du Calcul sur un système consistant d'axiomes logiques. Cette ambition avait trouvé un porte-parole dans le mathématicien allemand David HILBERT.

Ces découvertes ont relativisé l'absolu de la vérité mathématique, un peu de la même manière que le Calcul des Probabilités, en Physique, a cassé l'absolu du déterminisme des lois de la nature. Aujourd'hui encore, leur implication philosophique n'a pas fini d'être épuisée. Il semble qu'elles aillent dans le sens d'une transcendance du langage par rapport au langage propre à la mathématique.

Ces découvertes, pourtant, n'infirment pas le fait mathématique dans sa genèse secrète. La preuve en est l'émergence toujours nouvelle de disciplines simples qu'un enfant pourrait comprendre, telle la Théorie des Graphes ou plus récemment l'étude de ce qui généralise les dominos : « les polyminos ». Là, peut-être, se situe une vraie réalité religieuse, au sens de « rélégéré ». L'écrivain Antoine de Saint-Exupéry disait : « *Le seul luxe est celui des relations humaines.* » Et le Calcul peut-il générer de bonnes relations humaines si ce dont on parle devient trop sophistiqué ?

Indirectement, les découvertes de GODEL et COHEN suggèrent que toute vérité idéologique, fût-elle religieuse, n'épuise pas le sens du mot « vérité ».

Lorsque le pape Jean XXIII réunit à Rome en 1962 le Concile Vatican II, il est vraisemblable que peu des membres participants étaient des mathématiciens. Et pourtant, comme en un lointain écho à cet aspect de la vie qu'est celle des mathématiques, le Concile abandonna le concept d'une Église possédant la vérité pour celui d'une Église en laquelle « *la vérité subsistait* ».

Dans l'esprit de ce chapitre qui suggère une relation entre l'exercice du talent mathématique et le lent recouvrement de la place des Juifs dans le concert des nations, évoquons plus en détail un savant dont la contribution à la mathématique moderne fut éminente. Son itinéraire spirituel est pathétique et nous prendrons le risque d'en tirer des leçons pour aujourd'hui.

4. GEORG CANTOR

« *La notion de l'infini est notre ami le plus cher ; mais c'est aussi le plus grand ennemi de la paix de notre esprit.* »

Cette sentence de James PIERPONT pourrait illustrer la vie de Georg CANTOR, cet explorateur pacifique des ensembles infinis.

L'apport de CANTOR à la pensée humaine a été si riche que nous sommes amenés à distinguer trois réalités : sa vie, ses œuvres mathématiques et le lien qu'il faisait entre celles-ci et son inspiration religieuse.

Georg Ferdinand Ludwig Philipp CANTOR est né le 3 mars 1845 à Saint-Pétersbourg dans une famille de trois enfants. Son père, Georg Woldemar CANTOR, était un prospère marchand d'origine juive qui s'était converti au protestantisme. Il venait du Danemark et plus loin encore, d'Espagne. Il eut à cœur de faire baptiser et d'élever son fils dans l'église évangélique luthérienne. Mais sa mère, Anna Maria BOHM, était catholique, et CANTOR lui-même a établi un rapport entre ce fait et son propre goût pour la théologie catholique. Éduqué d'abord sous la direction d'un tuteur, il fréquenta ensuite l'école élémentaire de sa ville natale où il montra déjà un goût marqué pour l'étude des mathématiques. Puis sa famille quitta la Russie pour l'Allemagne. Après des études secondaires dans un « gymnase » et dans les écoles privées de Francfort, on le retrouve, en 1859 à l'école polytechnique de Darmstadt qu'il quitte en 1862 pour entreprendre des études supérieures à Zurich. À l'automne 1863, il s'inscrit à l'université de Berlin où il étudia les mathématiques, la physique et la philosophie. KUMMER, WEIERSTRASS et KRONECKER étaient à l'époque les trois grands mathématiciens allemands et, en particulier, KRONECKER incita vivement CANTOR à s'intéresser à la Théorie des Nombres. Cependant, c'est WEIERSTRASS qui a exercé la plus grande influence sur la carrière scientifique du jeune CANTOR.

En 1867, il reçoit le titre de docteur après avoir présenté une dissertation écrite sur les « *Disquisitiones*

Arithmeticae » de GAUSS et la théorie des nombres de LEGENDRE. Puis il entreprend une carrière de professeur à l'université de Halle, en Hollande, et publie ses premiers travaux, tous consacrés à la Théorie des Nombres. En 1872, il rencontre en Suisse, pour la première fois, Richard DEDEKIND et c'est le début d'une longue amitié. L'année 1874 fut importante pour CANTOR, car c'est l'année de son mariage avec Vally GUTTMAN et celle de la naissance de la Théorie des Ensembles marquée par la publication d'un article dans le journal de CRELLE, du nom de l'ingénieur du bâtiment amoureux des mathématiques qui créa cette publication scientifique. Le contenu de ce mémoire fut jugé paradoxal à l'époque et, plus la connaissance de ce contenu progressait, plus l'opposition, celle de KRONECKER en particulier, se faisait forte, bien que CANTOR eût aussi des disciples parmi lesquels on comptait WEIERSTRASS et DEDEKIND. De 1879 à 1884 il publia pratiquement toute sa théorie des ensembles. Les nombreuses difficultés rencontrées par CANTOR durant cette période, comme le délai dans l'impression de son traité de 1878 et le mouvement de contestation dirigé par KRONECKER, qui alla jusqu'à le traiter de « *charlatan de la science* » et de « *corrupteur de la jeunesse* », l'affectèrent tellement qu'il tomba dans une profonde dépression nerveuse durant l'année 1884. Il semble bien, à la lumière des événements, que l'opposition constante de KRONECKER aux travaux de CANTOR ne visait pas personnellement ce dernier, mais plutôt la nature des concepts cantoriens qui heurtaient les convictions scientifiques personnelles de KRONECKER. La mort de ce savant influent en 1891 et en même temps l'amitié sincère d'hommes comme MITTAG-LEFFLER jointe à l'affection personnelle de WEIERSTRASS ont dû alors rendre plus tolérable la vie de CANTOR. Après 1891, les travaux de ce dernier commencent à être reconnus à juste titre et les honneurs rejaillissent sur sa personne. Il mourut le 6janvier 1918 dans une clinique psychiatrique de Halle.

Nous n'entrerons pas dans le détail des découvertes de CANTOR. Par le biais des séries trigonométriques, CANTOR a été lentement amené à hiérarchiser ce qui semblait alors impossible à hiérarchiser : les ensembles infinis. Il classa les infinis de façon cohérente, en commençant par le plus élémentaire de ces infinis, celui des nombres entiers, dont il donna à la « classe » le qualificatif de « dénombrable ». C'est CANTOR qui montra que les nombres rationnels – les fractions de l'Arithmétique – ressortissaient à cette classe d'infini, tout comme les nombres algébriques, ceux qui sont racines d'un polynôme à coefficients entiers. C'est aussi CANTOR qui montra que des infinis aussi différents que les points d'un segment de droite ou ceux d'un carré participaient à la même classe, en l'occurrence celle du « continu » strictement supérieure à celle du « dénombrable ». CANTOR appelaient ces « classes » des cardinaux. L'arithmétique des cardinaux et, plus tard, celle des ordinaux souleva l'étonnement de beaucoup. Elle ouvrit la voie à l'étude des fondements axiomatiques des mathématiques qui fleurira au 20e siècle.

Avant de nous pencher sur l'itinéraire spirituel proprement dit de CANTOR, il faut dire un mot d'une pensée à mi-chemin de la science et de la théologie qui a soutenu CANTOR dans sa démarche.

Au cœur de la pensée de Georg CANTOR se trouve l'affirmation que « l'infini actuel » – ou infini en acte – existe. Cette expression semblait représenter, dans l'esprit du savant, un peu plus que la prise en compte globale d'un ensemble mathématique infini comme, par exemple, celui des nombres entiers.

CANTOR se heurtait à l'opposition des mathématiciens qui, jusqu'alors, voyaient l'infini comme une possibilité de dépassement ou de division infinitésimale. Mais CANTOR se heurtait aussi à l'opposition des théologiens qui, à la suite de THOMAS D'AQUIN, pensaient que le seul infini en acte ne peut-être que Dieu.

Pourquoi CANTOR tenait-il tant à ce que ses nombres « transfinis » soient réels ? Il aurait pu se contenter d'une conception formaliste. Au lieu de cela, il s'est lancé tête baissée dans la spéculation ontologique, qui est la branche de la métaphysique qui s'occupe de tous les problèmes d'existence. Le fait est que cela a dû le soutenir dans l'extrême solitude qui fut la sienne lorsqu'il « mit au monde » ses découvertes. En 1888, CANTOR peut déclarer au néo-thomiste JEILER : « *Je ne nourris aucun doute au sujet de la vérité des transfinis, que j'ai reconnus avec l'aide de Dieu.* »

Si l'on convient que la vérité mathématique participe de la vérité, sans épuiser le sens que l'on peut donner à ce mot dans une vision finaliste de l'Histoire qui respecte notre liberté, alors on peut dire que l'avenir a donné raison à CANTOR.

L'itinéraire religieux proprement dit de CANTOR est marqué par une contradiction. Pourquoi CANTOR a-t-il si fortement éprouvé le besoin de se faire légitimer par cette force socio-culturelle qu'était l'Église catholique ?

Très tôt il avait manifesté un côté mystique. À l'âge de dix-sept ans, quand son père l'autorisa à se lancer dans les mathématiques, CANTOR lui déclara qu'il s'agissait d'une « vocation » s'exprimant à travers tout son être, d'un appel lancé « *par une voix inconnue et secrète* », Le fait est que CANTOR entretint des rapports étroits avec les théologiens catholiques de son époque comme avec le cardinal jésuite Johannes FRANZELIN, qui discernait dans la doctrine de CANTOR les éléments d'une fâcheuse perversion panthéiste. CANTOR entretint même une correspondance avec le pape Léon XIII, soucieux de réconcilier la science et la foi. En dépit de ce vif attachement, CANTOR a déclaré en 1856 que, au sens strict, il n'appartenait à aucune église.

Quelles leçons tirer de tout cela ?

L'Église, par sa richesse culturelle, a-t-elle caché à CANTOR le Pauvre qui la fait vivre, comme ses faiblesses humaines peuvent aussi cacher le Christ à ceux qui attendent d'elle une perfection qu'elle ne possède pas ? Se pourrait-il que cet « infini actuel », qui tant obséda CANTOR, fut l'écho même de cette Présence, réelle, mais hors de toute possibilité d'accaparement, qui habite le tabernacle ?

L'histoire spirituelle de CANTOR, dans son étape terrestre, nous apprend d'abord qu'il ne faut pas mélanger les genres. Elle rappelle ensuite aux chrétiens la nécessité de trouver la « bonne distance » avec l'Église. Cette expression « bonne distance » doit, bien sûr, être prise au sens spirituel et non géographique.

Nous avons besoin de l'Église. Elle nous transmet la Parole et le Pain qui nous viennent du Ciel. En la fréquentant, nous rencontrons des frères qui nous informent, nous corrigent et avec lesquels s'entretient notre joie d'être sauvés. Car on ne se sauve pas seul. En ce sens, le vieil adage : « *Hors de l'Église, point de Salut* » contient une part de vérité.

Pour autant, il nous faut garder notre libre-arbitre. Si notre conscience a besoin d'être éclairée, et en cela nous avons besoin de l'Église et du magistère, c'est cependant notre conscience qui prime et nous devons lui obéir. L'Église n'a pas à être idolâtrée.

Je me souviens de l'homélie d'un prêtre qui fit la comparaison selon laquelle de la même façon que le placenta est le premier organe à être expulsé après la naissance, alors l'Église institutionnelle serait la première réalité à disparaître quand nous « débarquerons » dans l'au-delà. Gardons-nous de l'expulser trop tôt !

Puisse cet au-delà me rendre présent à ce doux géant aux yeux bleus qui a nom Georg CANTOR. Un nom que j'associe naïvement à cette phrase du « sermon sur la montagne » : « *Heureux les pacifiques, ils auront la terre en héritage.* »

CHAPITRE 9

En prose ou en vers, ils ont dit…

1. ILS ONT DIT

Dans ce paragraphe, nous avons rassemblé sept savants, de sept nations différentes, qui expriment leur sentiment religieux.

Il arrive que des mathématiciens sachent rester simples !

• **OMAR KHAYYAM** est né dans un petit village d'Iran vers 1050. Ce mathématicien mène une vie errante du fait de la situation troublée de l'époque. Dans son traité « *RISALA* », il tenta de résoudre l'équation cubique par des sections coniques, faisant ainsi un pas vers la Géométrie Algébrique. Il a aussi pressenti lointainement les géométries non-euclidiennes et le concept de nombre réel.

Mais cet homme fut surtout un grand poète, tourmenté, qui célébra la jouissance immédiate de la vie. Ses « *RUBA I'YAT* », qui sont près de mille quatrains en langue persane, lui valurent une renommée universelle. Voici l'un d'entre eux :

Quiconque arrose dans son cœur
La plante de l'amour
N'a pas un seul jour de sa vie qui soit inutile
Soit qu'il cherche à aller au-devant

De la volonté de Dieu
Soit qu'il cherche le bien-être corporel
Et lève sa coupe

• **PLATON** est né à Athènes vers l'an 427 avant l'ère chrétienne. Son surnom lui vient de la largeur de ses épaules. À l'âge de vingt ans, sa rencontre avec SOCRATE décida de sa vocation philosophique. PLATON tenait la mathématique en haute estime. Dans son ouvrage « *La République* », il dit que cette discipline qu'elle est « *parmi les sciences, celle qui possède le pouvoir de convertir à la lumière* ». Ses écrits laissent une large place à des mathématiques aussi variées que l'Arithmétique, la Géométrie des polyèdres, la Stéréométrie, l'Axiomatique... Il fonda l'École d'Athènes, qui était tout à la fois une bibliothèque, un lieu de promenade, d'étude, de réunion et d'habitation. On dit que le portail de cette École était surmonté de l'inscription : « *Nul n'entre ici s'il n'est géomètre.* » L'esprit et la tradition de cette Académie, où il enseigna pendant quarante ans, persistèrent pendant neuf siècles.

Par une grâce exceptionnelle dans l'histoire de la philosophie, PLATON a su allier la ferveur mystique à la rigueur rationnelle, le détachement du contemplatif à l'engagement de l'homme d'action. Le philosophe ALAIN disait de lui qu'il est le seul à qui on peut faire une confiance absolue.

Dans la philosophie platonicienne, l'idée semble avoir une fonction cosmologique. C'est tout à la fois un principe d'intelligibilité et un principe d'existence. Dans cette phrase extraite du « *Phédon* », on voit percer l'intuition du divin : « *Il me paraît que s'il existe quelque chose de beau en dehors du beau, cette chose n'est belle que parce qu'elle participe de ce beau en soi.* »

PLATON était fasciné par une approche de Dieu au-delà de l'être, un dieu tout entier donné, donc insaisissable, mais selon lui, c'est « *une chose trop sérieuse* » pour qu'il en parle sinon par quelques allusions. PLATON voyait Dieu comme un génial ordonnateur, plutôt que comme un Créateur. Voici ce qu'il en dit dans « *Timée* » :

« *Disons donc pour quelle cause Celui qui a formé le devenir et l'univers l'a formé. Il était bon, et, chez celui qui est bon, il ne naît jamais d'envie pour quoi que ce soit. Exempt d'envie, il a voulu que toutes les choses fussent, autant que possible, semblables à lui-même. Que ce soit là le principe le plus effectif du devenir et de l'ordre du monde, c'est l'opinion d'hommes sages, qu'on peut admettre en toute sûreté. Le Dieu, en effet, voulant que tout fût bon et que rien ne fût mauvais, autant que cela est possible, prit toute la masse des choses visibles qui n'étaient pas en repos mais se mouvaient sans règle et sans ordre, et la fit passer du désordre à l'ordre, estimant que l'ordre était préférable à tous égards.* »

Pourtant, PLATON croyait à un principe initial, comme en témoignent ces lignes de « *Phèdre* » : « *Un principe ne peut prendre naissance car il faut admettre nécessairement que tout ce qui est naît d'un principe, mais que le principe ne peut naître absolument de rien, car si le principe naissait de quelque chose, il ne serait plus principe.* »

Et il est même arrivé à PLATON de parler de « *Père de l'univers* ». Terminons cet hommage au grand philosophe par cette phrase pleine de profondeur et de simplicité qu'il nous a léguée : « *La paix du cœur est le paradis des hommes.* »

• **Galileo GALILEE** est un physicien et astronome italien né en 1564, mort en 1642. Successivement professeur aux universités de Pise, Padou et Venise, il est connu pour ses découvertes en Physique qui ont fait de lui le pionnier de la science expérimentale moderne et le précurseur de la relativité. Mais ce savant est aussi connu pour « l'affaire » qui est liée à son nom et qui lui valut de rudes démêlés avec l'Église de son temps.

Après avoir longtemps enseigné le système géocentrique de PTOLEMEE, GALILEE se rangea, avec d'autres savants, à l'approche héliocentrique de COPERNIC, qui affirmait la rotation de la terre autour du soleil plutôt que le contraire. Cela déplut fort à l'Inquisition. D'abord acclamé par les jésuites en 1611, l'homme fut successivement désavoué, dénoncé et condamné une première fois en 1616, une seconde fois en 1633. « *Vos mathématiques ne sont que l'invention du diable* » s'est-il entendu dire ! Il choisit alors d'abjurer de ses convictions scientifiques.

Il est difficile de savoir, sur le fond, ce qui a guidé GALILEE dans ce reniement. Craignait-il de subir le même sort que Giordano BRUNO, brûlé vif en 1600 ? Peut-être aussi ne confondait-il pas l'Église, à laquelle il était attaché, avec l'institution qui la représentait alors, et ne voulait-il pas s'en séparer pour une querelle scientifique qu'il jugeait momentanée ? Le fait est que cette « affaire » a fait de lui, au cours des siècles qui suivirent, une sorte de héros mythique de la raison contre l'obscurantisme et de la résistance du chercheur face au pouvoir.

Devenu aveugle, le savant s'éteint dans sa maison d'Arcétri en 1642, non sans avoir longtemps répété une phrase qui résume, en parlant de la terre, son problème de conscience : « *é pure, si muove* », soit en français : « *et pourtant, elle tourne* ». En 1992, l'Église le réhabilite officiellement.

Voici ce que le bon sens dictait à GALILEE.

« *Si la vérité se trouve dans les livres sacrés, elle n'y est pas claire pour tous, et il faut se servir, pour l'y perce-*

voir, de l'intelligence et de la raison que Dieu nous a donnés. L'Esprit-Saint les a dictés, et il est très vrai qu'Il ne se trompe jamais ; mais lorsque nous interrogeons la nature, c'est Lui aussi qui nous répond et nous enseigne. »

- **Johannes KEPLER** né en 1571, mort en 1630, est un astronome et mathématicien allemand. Il découvrit, entre autres, les ellipses décrites par les planètes dans leur mouvement autour du soleil. Voici ce que KEPLER écrivit :

« *Il faut lire dans le livre de la nature pour célébrer Dieu. Il a fondé le monde selon un ordre et une règle et a donné à l'homme l'esprit en plus des sens, afin qu'il puisse dépasser l'existence des choses et s'élever jusqu'aux causes de leur existence et de leur devenir. Il y a correspondance parfaite entre les facultés de l'homme et la réalité de la création ; celle-ci reflète l'harmonie universelle.* »

Comme beaucoup de savants de son époque, KEPLER savait s'enthousiasmer de ses découvertes. Voici comment il décrit son émotion, son espoir d'être compris et l'ignorance qu'il a du délai imparti à cette compréhension :

« *Depuis huit jours, j'ai vu le premier rayon de lumière ; depuis trois jours, j'ai vu le jour ; enfin, à cette heure, je vois le soleil de la plus admirable contemplation. Rien ne me retient plus, je m'abandonne à mon enthousiasme ; je veux braver les mortels par l'aveu franc que j'ai dérobé les vases d'or des Égyptiens, pour en former à mon Dieu un tabernacle loin de l'Égypte idolâtre. Si l'on me pardonne, je m'en réjouis ; si l'on s'irrite, je me résigne. Le sort en est jeté, j'écris mon livre. On le lira dans l'âge présent ou dans l'avenir, que m'importe ! Il peut attendre son lecteur : Dieu n'a-t-il pas attendu six mille ans pour se donner un contemplateur de ses œuvres ?* »

• **Blaise PASCAL** naquit à Clermont-Ferrand en 1623, et commença très tôt à manifester son génie. À l'âge de treize ans, il reconstitua les trente-deux propositions du premier livre d'Euclide. Quelques années plus tard, il conçut le projet d'une chose alors inexistante : une machine à calculer. Il était ému par la masse de calculs numériques qui incombaient à son père, du fait de sa charge d'intendant des finances. On lui doit en mathématique les premiers pas de la Géométrie Projective, le triangle arithmétique, la quadrature des paraboles, le début du Calcul Intégral avec ses études sur les « trilignes et leurs onglets » et sur la cycloïde, sans compter l'intuition d'une géométrie à plus de trois dimensions. Les recherches de Pascal en hydrostatique l'ont conduit à l'invention de la presse hydraulique, conséquence d'un principe fondamental qui, aujourd'hui, porte son nom.

Comme PLATON, PASCAL sut allier ferveur mystique et rigueur de raisonnement. Nous devons à ce génie français une des plus belle pensée sur le paradoxe de notre condition humaine : « *L'homme n'est qu'un roseau, mais c'est un roseau pensant.* »

Dans une autre de ses maximes, PASCAL a poétiquement rappelé ses limites à la logique humaine : « *Le cœur a ses raisons que la raison ne connaît pas.* »

Voici une petite merveille de sobriété que nous a laissée Blaise PASCAL :

« *Faire les petites choses comme les grandes*
À cause de la majesté de Jésus-Christ
Qui les fait en nous et qui vit notre vie
Et les grandes comme les petites et aisées
À cause de sa toute-puissance. »

• **Isaac NEWTON** né en 1642, mort en 1727 est un physicien anglais inventeur avec d'autres de la Mécanique qui porte son nom, par sa « loi de l'attraction universelle ». Il a jeté les bases du Calcul Différentiel et Intégral, qui permit d'étudier le mouvement et de créer la machine moderne. Voici ce que NEWTON écrivait :

« *Une uniformité si merveilleuse dans le système planétaire doit être regardée comme l'effet d'un choix. Il en est de même de l'uniformité qui paraît dans le corps des animaux. Tout cet édifice ne peut être que l'effet de la sagesse et de l'intelligence d'un agent puissant et toujours vivant, qui, par cela qu'il est présent en partout, est plus capable de mouvoir à sa volonté les corps dans son sensorium uniforme et infini et par ce moyen de former et reformer les parties de l'Univers.*

Nous ne devons pourtant pas considérer le monde comme le corps de Dieu, ni les différentes parties du monde comme autant de parties de Dieu. »

Il revient à Isaac NEWTON d'avoir énoncé la comparaison suivante, pleine de poésie, qui n'est pas sans rappeler l'image biblique de la Sagesse jouant au bord de l'eau :

« *Il me semble que je n'ai été qu'un enfant jouant sur le bord de la mer et trouvant, tantôt un caillou plus poli, tantôt un coquillage plus joli que les autres, tandis que le vaste océan de la Vérité s'étendait inexploré devant moi.* »

• **Albert EINSTEIN**, né à Ulm en 1879, ne fut pas seulement le grand physicien qui, en 1918, donna au monde la Théorie de la Relativité dans un ouvrage largement répandu : « *Espace-Temps- Matière* », Naturalisé américain en 1940 et devenu professeur à Princeton, il s'intéressa à la Théorie des Nombres, aux équations intégrales singulières et à l'axiomatisation des espaces de HILBERT ainsi qu'à la Géométrie Différentielle.

EINSTEIN sut rester simple et ne se défit jamais d'une interrogation mystique. Voici quelques-uns de ses propos :

- « *Le plus inexplicable, c'est que le monde soit explicable.* »
- « *La plus belle chose que nous puissions éprouver, c'est le côté mystérieux de la vie. C'est le sentiment profond qui se trouve au berceau de l'Art et de la science véritable.* »
- « *Je ne crois pas que Dieu joue aux dés avec l'Univers.* »
- « *Il est plus facile de désintégrer l'atome que de faire disparaître un préjugé.* »
- « *Celui qui ne peut éprouver ni étonnement, ni surprise, est pour ainsi dire mort. Ses yeux sont éteints.* »

EINSTEIN n'était pas dupe de l'équivoque que recouvre le terme « intelligence ». Voici comment il l'exprima : « *Prenez garde de ne pas faire un dieu de votre intelligence. Elle a...des muscles puissants, mais aucune personnalité.* »

En dépit de ses opinions humanistes et pacifistes, EINSTEIN avait le sens de la patrie. Voici l'une de ses sentences datant de 1529 : « *La fidélité au pays et la compréhension sympathique de l'étranger sont toutes aussi importantes.* »

Albert EINSTEIN eut une fin de vie difficile. L'utilisation militaire qui avait été faite de ses découvertes, le handicap de son fils, la recherche laborieuse d'une théorie physique unitaire, autant de circonstances qui assombrirent le couchant de ses jours. Il n'était pas tendre envers les retombées psychologiques de l'esprit scientifique, comme l'exprime cette phrase : « *La dégradation éthique naît de la mécanisation et la déshumanisation de nos vies, sous-produit dévastateur du développement de la mentalité scientifique et technique.* »

Désabusé, il lui arrivera même un jour d'avouer : « *Si j'avais à recommencer, je serais plombier.* »

Mais l'aurait-il pu seulement ?

2. ILS ONT RIME

Est-il, sur terre, souffle plus subtil du divin que celui que les poètes ont cherché à exprimer par des mots ? Voici sept poésies, françaises cette fois, inspirées par les muses qui rôdent autour de… la mathématique.

• VOLTAIRE

« *Je ne puis concevoir comment de si habiles mathématiciens nieraient un mathématicien éternel.* »

Né à Paris en 1694, François Marie AROUËT voyait Dieu d'abord comme un « *Grand Horloger* » et pourquoi pas, un horloger féru en calcul… Ce en quoi un autre philosophe, CONDILLAC, lui répondra plus tard : « *Il n'y a point de nombres aux yeux de Dieu. Comme il voit tout à la fois, il ne compte rien.* »

Voici un petit madrigal algébrique où VOLTAIRE, sans le savoir, parle peut-être de façon plus subtile du divin :

« *Sans doute vous serez célèbre*
Par les grands calculs de l'algèbre,
Où votre esprit est absorbé.
J'oserai m'y livrer moi-même ;
Mais, hélas ! A +B - C
N'est pas = à je vous aime. »

- **Augustin CAUCHY**

Ce baron royaliste est né à Paris l'année de la prise de la Bastille. On lui doit une belle rénovation de l'Analyse mathématique par l'usage de méthodes rigoureuses.

Dans ce court poème intitulé « *Barème suffit* », CAUCHY nous redit le caractère… superflu des mathématiques :

« *Tu me crois obsédé par un mauvais génie,*
Alcippe, tu te plains de l'étrange manie
Qui fait qu'en ma maison devenu prisonnier,
D'un flot d'or d'x et d'y je couvre mon papier.
Laisse-là, me dis-tu, l'algèbre et ses formules,
Laisse-là ton compas, laisse-là tes modules ;
C'est un emploi bien triste et des nuits et des jours
Que d'intégrer sans fin et de chiffrer toujours.
Mais ont-ils ces mortels que le destin caresse,
Au calcul intégral demandé la richesse ?
Vois ce vieux financier.
Sans cesse à son comptoir,
Il revient supputer son doit et son avoir.
D'enchérir sur Euclide il n'a point la folie ;
Il ajoute, soustraie, divise ou multiplie,
Et, de Barème seul écoutant la leçon,
Laisse dormir en paix Descartes et Newton. »

- **Victor HUGO**

Né à Besançon en 1802, cet amoureux de la vie sous toutes ses formes ne pouvait ignorer les moins sensuelles d'entre elles… en apparence. Voici un extrait de son œuvre « *Toute la lyre* » :

« Géométrie ! algèbre ! arithmétique ! Zone
Où l'invisible plan coupe le vague cône,
Où l'asymptote cherche, où l'hyperbole fuit ;
Cristallisation du prisme dans la nuit ;
Mer dont le polyèdre est l'affreux madrépore ;
Nuée où l'univers en calcul s'évapore. »

- **Sully PRUDHOMME**

Né à Paris en 1839, ce poète fut préoccupé par les problèmes que l'évolution du monde posait à la conscience humaine. Comment pouvait-il rester insensible à la mathématique et aux horizons qu'elle ouvrait à l'imaginaire ? Voici une de ses compositions, intitulée « *Triangle et Poésie* » :

« Je forme un triangle, ô merveille !
Le peuple des lois endormi
S'agite avec lenteur, s'éveille
Et se déroule à l'infini.
Avec trois lignes sur le sable,
Je connais, je ne doute plus !
Un triangle est donc préférable
Aux mots sonores que j'ai lus ? »

- **LAUTREAMONT**

Né à Montevideo en 1846, l'homme qui inspira le surréalisme s'appelait en réalité Isidore DUCASSE. L'inoubliable auteur de « *Les chants de Maldoror* » n'oublie pas ce qu'il doit aux mathématiques, comme en témoignent ces quelques lignes extraites de la strophe 10 du chant 2 : *O mathématiques sévères, je ne vous ai pas oubliées, depuis que vos savantes leçons, plus douces que le miel, filtrèrent dans mon cœur, comme une onde rafraîchissante.*

Quelques lignes plus loin, derrière la « *froideur excessive* » et « *les lois de fer* » qu'il attribue à la mathématique, le poète pressent autre chose.

...Le Tout Puissant s'est révélé complètement, lui et ses attributs, dans ce travail mémorable qui consista à faire sortir, des entrailles du chaos, vos trésors de théorèmes et vos magnifiques splendeurs. Aux époques antiques et dans les temps modernes, plus d'une grande imagination humaine vit son génie épouvanté à la contemplation de vos figures symboliques tracées sur le papier brûlant, comme autant de signes mystérieux, vivants d'une haleine latente, que ne comprend pas le vulgaire profane...

Celui qu'on a pu comparer à RIMBAUD ou même à SADE, pour sa révolte et la violence de ses propos, semble avoir évolué vers la sérénité à la fin de sa vie. Plus que dans le trio Arithmétique-Algèbre-Géométrie que le poète voyait comme une « *trinité grandiose* », c'est dans cet ultime abordage aux rives de l'espoir, du calme et du bonheur du devoir accompli que l'on peut pressentir l'action cachée de la vraie Trinité.

- **Eugène GUILLEVIC**

Né à Carnac, dans le Morbihan, en 1907, cet homme simple qui n'avait suivi que l'équivalent d'une classe terminale, était fasciné par la Géométrie, au point de lui consacrer un recueil entier : « *Euclidiennes* ».

Les poèmes, illustrés d'une figure, disent avec des mots sobres la beauté des formes, et soulignent discrètement au fil de ce parcours l'étrangeté des situations ou des paradoxes. Le poète nous aide à retrouver l'émerveillement devant la pureté de figures souvent élémentaires, tellement courantes et dont la beauté avait fini par nous échapper, tant nous sommes habitués à les rencontrer.

Voici l'un de ces poèmes :

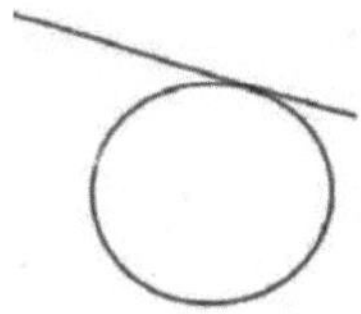

TANGENTE
Je ne toucherai qu'une fois
Et vous saurez que c'est furtif.
Inutile de m'appeler,
Tout autant de me rappeler.
Vous aurez grandement le temps
De vous redire ce moment
Et d'essayer de vous convaincre
Que nous restons l'un contre l'autre.

- **Francis REYNES**

Un « prof' de math' » qui fait des chansons, c'est peu commun dans la profession. Le collège Grand Air d'Arcachon possède une perle rare, dont nous donnons ici une création intitulée « *le Tango elliptique* » *:*

« *Tu n'es certes plus un' jeunesse*
Et cependant les ans ne laissent
Aucun' ride sur ton visage
Tu ne fais vraiment pas ton âge
La preuve est que tu n'arrêtes
Jamais de faire des conquêtes
Mais ell's n'attir'nt pas l'attention
Des journalist's à sensation

Pourtant il faut avouer ma chère
Que ton apparence sévère
En décourage un certain nombre
Qui s'effarouch'rien qu'à ton ombre
Si tous ceux qui te disent non
Se comptent hélas par légions
Tu reconnaîtras tout de même
Que tu ne fais rien pour qu'on t'aime

Hautaine froide indifférente
Impassible voire arrogante
Tu te promèn's avec raideur
Sans chercher à toucher les cœurs
Pour t'aborder et pour t'éprendre
Il faut du courage à revendre
C'est pas qu' tu sois empoisonneuse
Mais tu s'rais plutôt épineuse

Tu refuses les beaux discours
Et si on veut te fair' la cour
Il faut commencer par se faire
À ton bizarr' vocabulaire
Loin de toi les grands sentiments
Tu n'admets que l'assentiment
Que délivre la raison pure
Ce n'est pas une sinécure

Perpétuelle insatisfaite
Tu as des plaisirs et des fêtes
Une conception peu banale
Que beaucoup jugent anormale
Mais malgré ton abord austère
Tu donn's à ceux qui persévèrent
Dans la conquêt' de tes appas
Bien des atouts et bien des joies

Des apparences tu fais fi
Et tu multiplies les défis
À la rigueur et l'abstraction
Et tes sublimes constructions
C'est l'grandvoyag' dans l'inconnu
L'ivresse du jeu absolu
La jubilation ineffable
De tes preuves irréfutables

Tu ne défraies pas la chronique
De l'actualité frénétique
Car tu n'es ni un fait divers
Ni un scandal' ni une « affaire »
Toute science sur toi se fonde
Tu es l'interprète du monde
Car si l'univers a des lois
Elles s'expriment par ta voix

Si je t'érige quelques vers
C'est que j'ai une dette envers
Ton inestimable férule
Je le dis sans aucun calcul
Tu es une trop grande dame
Mais y a pas d'quoi en fair'un drame
Tout compt' fait t'es mêm' sympathique
Bien qu'tu t'appell's « Mathématiques »

3. LA PAROLE AUX ENFANTS

Voici bientôt quarante ans, un professeur un peu poète, JEAN-CHARLES, faisait paraître un livre où il rassemblait les « perles » enfantines mémorisées au cours de sa carrière : « *La foire aux cancres* ». Extraites du chapitre « *La bosse des maths* », voici sept de ses perles :

- « *Il faut simplifier les fractions, sinon elles prennent des proportions gastronomiques.* »
- « *Deux droites parallèles sont deux droites qui, comme les rails de chemin de fer, tournent en même temps.* »
- « *Probabilités : en Hollande, un habitant sur quatre est une vache.* »
- « *Un parallélépipède est un animal dont les deux pieds sont parallèles.* »
- « *Pour trouver la surface d'un cercle, on multiplie le milieu par le centre.* »
- « *Un octogone est une sorte de carré qui a huit côtés.* »

Et puisque Mathématique et Astronomie sont un peu sœurs jumelles…

- « *La lune est habitée puisqu'il y a de la lumière.* »

CHAPITRE 10

Fioretti

Dix petites fleurs de méninge pour un bouquet d'éternité.

1. ASYMPTOTE

Le sens le plus familier du mot asymptote en mathématique est celui d'une droite de laquelle se rapproche, sans jamais l'atteindre, une courbe qui a une branche infinie. Plus précisément, la distance MM' d'un point courant M de la courbe à l'asymptote devient de plus en plus petite au fur et à mesure que l'on parcourt la branche infinie de la courbe, sans que cette distance ne soit jamais nulle. Plus généralement, une asymptote peut-être une autre courbe, un cercle, un point ou encore une surface si on se place dans l'espace.

Le concept d'asymptote peut être perçu symboliquement comme le mouvement de l'homme vers son Créateur, la lente réalisation d'un idéal dont l'enfant fut le dépositaire : « *Puisses-tu toujours garder les rêves et les étoiles de ton enfance* » a dit un poète.

Dans cet idéal qui nous motive, saura-t-on jamais distinguer la part qui fut inscrite en nous avant le berceau de celle apportée après par l'amour et l'éducation prodigués ?

Idéal familier aux philosophes depuis PLATON jusqu'à KANT, surmoi de la psychanalyse, plan ou désir de Dieu sur l'homme des religions monothéistes, l'homme cherche à rejoindre le meilleur de lui-même, un instant entrevu, toujours pressenti, sans jamais vraiment l'atteindre ! Néanmoins, c'est en diminuant la distance, en cherchant de quoi Dieu a besoin par nous et en accomplissant cette volonté, que réside peut-être la chance de notre vie. Et peut-être retrouverons-nous alors ce parfum singulier dont nous portons tous quelque part l'indélébile souvenir et mourrons-nous en paix ?

La mathématique nous permettrait-elle d'aller un peu plus loin dans le symbolisme de l'asymptote ?

Le graphe cartésien d'une fonction $y = f(x)$ admet, le plus couramment, deux types d'asymptotes. Les unes, appelées asymptotes horizontales, ont trait à la valeur y_0 vers laquelle se rapproche la fonction y quand sa variable x devient de plus en plus grande. Les autres, appelées asymptotes verticales, apparaissent quand la fonction y devient elle-même de plus en plus grande lorsque la variable x se rapproche d'une valeur particulière x_0.

Se pourrait-il que transparaissent ici les deux faces de ce mouvement divin en nous, de ce rapprochement de l'homme avec le meilleur de lui-même : patience et passion ?

La passion est le lieu de toutes les équivoques, certes, mais… sans passion, la patience n'a plus d'objet. Sans les éruptions volcaniques, saurions-nous que le sol recèle tant de feu ? Sans patience, comment la passion entrevue pourrait-elle mûrir jusqu'à son terme ?

2. CERCLE

Avec celles de droite, de perpendicularité… le cercle est l'une des notions premières de la Géométrie.

Quoi d'étonnant à cela ? Cercles et sphères ont toujours environné l'homme, depuis le tronc d'arbre sectionné jusqu'au halo de l'astre solaire. Et dans l'histoire de la Connaissance, on peut penser que la mise en évidence de la courbure de l'univers par la Théorie de la Relativité fait écho à la découverte de la rondeur de la terre. Rondeur de la terre, soit-dit en passant, déjà pressentie par les philosophes grecs, entre autres EPIMENIDE, bien avant GALILEE, MAGELLAN et Christophe COLLOMB.

On peut trouver au cercle une interprétation symbolique d'abord très générale : la vie a un centre que notre condition terrestre ne nous permet pas de visualiser.

À cette vision statique du cercle et de la sphère se marie une vision dynamique, symboliquement cachée dans les flancs de la révolution relativiste, qui fait du temps une dimension tout à fait comparable aux trois autres dimensions spatiales dans notre gravitation centrée. Ce temps qui nous invite peut-être à ne pas être spectateur de notre vie. Serait-ce ainsi que l'on peut interpréter cette belle parole du mahatma Gandhi : « *Creusons chacun notre jardin, nous nous retrouverons tous au centre de la terre* » ?

Le cercle semble aussi figurer le mystère de l'identité de toute mort avec une naissance, de l'α avec l'ω.

« *Sphère dont le centre est partout et la circonférence nulle part.* » Voici une curieuse expression reprise tout au long des siècles par des penseurs très différents. Le grec Hermès TRISMEGISTE l'emploie pour désigner la divinité, le « *Roman de la rose* » l'attribue à PLATON, RABELAIS l'utilise dans « *Pantagruel* », Giordano BRUNO l'applique à l'univers de COPERNIC, PASCAL décrit ainsi la nature, et le psychologue JUNG en use pour définir le Soi.

Sur le plan des Écritures, on peut voir une présence du cercle dans la cassure par le Christ des hiérarchies linéaires établies par les hommes qui l'entouraient, jusqu'à ses disciples eux-mêmes, quand Il prophétise la place des prostituées dans le Royaume, lorsqu'il annonce que bien des premiers seront des derniers, jusqu'à sa mort près de deux bandits.

La première des hiérarchies linéaires ne vient-elle pas de la loi du clan ?

En ce sens, il est un passage de l'Évangile de MARC constitué des versets 32 à 35 du chapitre 3, qui déplace le centre de gravité de notre fraternité naturelle.

Beaucoup de gens étaient assis autour de lui ; et on lui dit : « *Ta mère et tes frères sont là dehors, qui te cherchent.* » Mais il leur répond : « *Qui est ma mère ? Qui sont mes frères ?* » Et parcourant du regard ceux qui étaient assis en cercle autour de lui, il dit : « *Voici ma mère et mes frères. Celui qui fait la volonté de Dieu, celui-là est mon frère, ma sœur, ma mère.* »

Ce cercle d'hommes et de femmes assis autour de Jésus nous rappelle peut-être que nous sommes tous à égale distance du Très-Haut, tous indignes de son amour, tous invités seulement à tourner les yeux vers Lui.

On pourrait dire aussi que le Christ fait sortir la pensée et l'Histoire de la perspective cyclique familière à la pensée grecque, perspective que l'on retrouve dans le livre biblique de l'Ecclésiaste, pour l'ouvrir sur l'horizon d'une progression illimitée dont l'aboutissement se réalise dans l'éternité de la vie.

Dans le champ mathématique, ce mariage de l'évolution et de la révolution cyclique est bien exprimé symboliquement par les spirales et les hélices. Le symbolisme de la spirale avait si fort impressionné le savant Jacques BERNOUILLI qu'il fit graver sur sa tombe la phrase que l'on peut lire aujourd'hui sous les voûtes de la cathédrale de Bâle : « *Tel qu'en moi-même, enfin, l'éternité me change.* »

3. DROITE

Un concept mathématique élémentaire mérite une transcription simple.

De la même manière que l'homme voit en ligne droite, il est possible que l'homme ait du mal à penser autrement qu'en ligne droite, à voir et à penser un horizon courbé pourtant par la liberté du Seigneur et notre propre liberté. La courbure de l'univers mise en relief par Albert EINSTEIN est peut-être la projection, sur la seule matière, d'un secret qui concerne la vie dans son ensemble.

Comme le peuple hébreu qui, dans le désert, a « zigzagué » quarante ans durant pour gagner la Terre Promise, la vie, et son Auteur, nous amènent à négocier un éternel virage. Combien d'hommes et de femmes que l'on dit « droits » et qui, parfois, en dépit de leur force d'âme et de leurs grandes œuvres, ne purent ou ne surent comprendre l'évolution des choses !

4. GROUPE

On me racontait l'autre soir une anecdote qui concerne une famille amie.

Comme dans bien d'autres familles aujourd'hui en France, l'esprit de cohésion est devenu fragile et chacun tire à hue et à dia. La maman tient pourtant à réunir toute sa progéniture à l'occasion des fêtes. Elle a remarqué qu'en conviant à la table familiale l'ancêtre de la famille, une vieille dame de quatre-vingt-dix ans qui, par ailleurs, est la seule à être restée fidèle à la pratique religieuse, les tensions s'apaisaient et un semblant d'harmonie se faisait jour. Cette vieille dame, démunie de tout pouvoir, avait celui extraordinaire de tempérer les mots échangés et de permettre à la tribu de retrouver un moment sa cohésion.

Quel rapport peut-il y avoir entre cette anecdote familiale et cette identité bien abstraite qu'est un groupe en mathématique ?

Parmi toutes les propriétés d'une loi de composition interne qui se sont révélées fécondes en mathématiques tout en ayant l'avantage de rassembler des réalités opératoires déjà connues mais très diverses : opérations arithmétiques, transformations géométriques, opérations vectorielles… viennent, en premier lieu, celles qui, rassemblées, constituent la structure d'un groupe.

Un groupe est, en mathématique, un ensemble muni d'une loi de composition interne partout définie, associative, telle qu'il existe un élément neutre et que tout élément de l'ensemble possède un symétrique pour cette loi.

$\mathbb{Z} = \{\ldots -5 \; -4 \; -3 \; -2 \; -1 \; 0 \; 1 \; 2 \; 3 \; 4 \; 5 \ldots\}$

- Loi de composition : +. Exemples : 3 + 5 = 8 ; 15 + (-220) = (-205).
- Associativité : a + (b + c) = (a + b) + c. Exemple : (-5) + (13 + 1) = ((-5) + 13) + 1 = 9.
- Elément neutre = 0 : a + 0 = 0 + a = a. Exemple : (-14) + 0 = 0 + (-14) = (-14).
- Existence d'un symétrique : a + a' = a' + a = 0. Exemple : 3 + (-3) = (-3) + 3 = 0.

Le plus simple des groupes, le premier sans doute utilisé comme tel sans qu'on ait eu besoin de le nommer : l'ensemble des entiers relatifs munis de l'addition.

Le terme de groupe est apparu pour la première fois dans les travaux d'Évariste GALOIS, vers 1830, et fut précisé par Arthur CAYLEY et Georg FROBENIUS un peu plus tard. Restreinte au début à des groupes opérant sur des ensembles, cette notion occupe désormais une place centrale dans l'édifice mathématique où elle apparaît comme unificatrice. On la rencontre aussi bien en Théorie des Équations qu'en Géométrie Différentielle, Topologie, Théorie des Nombres ou Analyse Harmonique. De plus, elle a pénétré largement le domaine de la Physique : Spectroscopie, Cristallographie, Physique atomique, Physique des particules…

Le groupe nous offre un étonnant bouquet de symboles philosophiques ou religieux. Nous en relèverons trois.

Que peut nous signifier, symboliquement, cet élément neutre qui, composé avec chacun des éléments de l'ensemble, ne modifie en rien cet élément ?

Et si nous avions là le reflet du mystère de Jésus-Christ qui s'offre à tout homme sur terre comme complice de son moi le plus intime, sans rien altérer de son originalité. Pour simplement, par sa vie offerte, sa mort et sa résurrection, l'aider à traverser la rivière tumultueuse de son égoïsme et de sa peur existentielle.

Remarquons que sur un plan tout profane – mais on ne peut séparer le profane et le religieux dans le mystère de la souffrance humaine – la fécondité mathématique de l'élément neutre réfléchit la neutralité du médecin, du psychologue, de celui qui aide son prochain à se situer, par une qualité d'écoute particulière. On peut penser aussi à cet autre à cet autre élément neutre que constitue dans un groupe humain, le malade, l'infirme, l'handicapé, le plus démuni, qui réussit ce miracle d'humaniser secrètement, de renvoyer à eux-mêmes, ceux qui l'entourent. On peut penser à notre aïeule, précédemment citée.

À quoi peut nous renvoyer, symboliquement, cet élément symétrique qui, composé avec celui dont on est parti, redonne l'élément neutre du groupe ?

Laissons-nous guider par le qualitatif d'opposé utilisé parfois à la place du mot symétrique.

Me revient en mémoire cette attitude d'un jeune ami, chrétien militant de gauche, refusant d'aller à la messe parce qu'il s'y était trouvé une fois près d'un… parachutiste en uniforme. Je lui fis remarquer qu'il était nécessaire qu'il soit près de son voisin, physiquement parlant, pour lui dire son fait. Et où rencontrer des gens opposés, sinon dans la maison de Qui nous accueille tous, tels que nous sommes ?

« *Je ne suis pas venu apporter la paix sur terre, mais l'épée...* »

Et si l'Église était, est et sera toujours un rassemblement de gens aux idées parfois opposées ? Peut-il être autre que pluriel le peuple qui met sa confiance en un Dieu pluriel en son unité ?

Dernier symbole qui résonne par le groupe et par l'associativité d'une loi de groupe. C'est, en effet, dans un tel ensemble que l'équation du premier degré : $ax = b$ possède une solution unique, obtenue en multipliant les deux membres de cette équation par l'inverse a^1 de a.

Résoudre une équation, trouver l'inconnu, n'est-ce pas solutionner dans le bon sens un de ces petits ou grands problèmes embarrassants que nous pose... l'existence ? Et avancer d'un pas, aussi petit soit-il, vers cet Inconnu qui ne nous est pas tout à fait étranger.

Pour faire sauter les verrous qui, en nous, emprisonnent le meilleur de nous-mêmes, n'aurions-nous pas besoin de se frotter à qui ne pense pas comme soi ?

5. LATIN

Voici une anecdote de la petite histoire des mathématiques qui semblent confirmer le proverbe : « *L'homme propose et Dieu dispose.* »

On appelle carré latin un tableau carré de n lignes et n colonnes dans lequel on retrouve sur chaque ligne et sur chaque colonne les n éléments d'un ensemble donné E. Ainsi la particularité d'un carré latin est que chaque élément de cet ensemble E figure une fois et une seule sur chaque ligne et sur chaque colonne. Nos modernes sudoku sont des carrés latins.

Les carrés latins ont été introduits au 19e siècle par le mathématicien écossais MAC MAHON, lequel se méfiait plus que tout des applications de la science. Il se réjouissait de trouver là, espérait-il, une découverte qui ne pourrait jamais être utilisée à quoi que ce soit.

Peu de temps après, sous l'impulsion d'un compatriote de MAC MAHON, le statisticien FISCHER, les carrés latins furent utilisés avec succès dans l'expérimentation agronomique et ils le sont encore aujourd'hui. Ils interviennent en particulier chaque fois que l'on veut tester par des méthodes statistiques l'influence de certains facteurs dits « contrôlés » par rapport à celle de certains facteurs non contrôlables dans un domaine soumis à la variabilité. Ainsi, ce sera le cas si l'on veut tester des variétés de culture ou de traitement quant au rendement en qualité et en quantité d'une culture précise qui, comme chacun sait, est soumis à la variabilité du fait de multiples facteurs non contrôlables tels que la nature des sols, les conditions climatiques… L'organisation de l'expérience selon des plans factoriels en carrés latins ou gréco-latins permet de tirer de cette expérience le maximum d'information statistique en économisant les cultures-pilotes, longues et coûteuses. Les méthodes ainsi mises au point ont pu ensuite être appliquées avec succès à d'autres disciplines telles la Biologie ou la Psychologie expérimentale.

6. NORMAL

Dans le domaine lexical, la mathématique réussit un exploit, celui de rendre sa noblesse à un mot, somme toute banalisé : celui de « normal ».

Commençons par explorer le sens statistique du mot « normal » en mathématique.

La loi normale, ou loi de GAUSS, ou encore « courbe en cloche », est une distribution de probabilité bien précise dans sa nature, une fois connus les deux paramètres qui la caractérisent.

La statistique n'a pas attendu d'être mathématique pour… être. Dans le même temps que le mathématicien GAUSS reliait sa « *loi des erreurs* » au « PILE ou FACE » élémentaire du Calcul des Probabilités, l'observation statistique mettait en valeur l'importance de la distribution normale dans les sciences expérimentales. Beaucoup de phénomènes naturels, soumis à un certain imprévisible quand ils se produisent, font apparaître, lors de leur répétition en grand nombre, une distribution de fréquence qui s'ordonne autour d'une loi normale.

C'est le cas, en particulier, de la plupart des caractères biométriques. Nous avons là l'écho mathématique de ce que le langage avait déjà établi.

Est normal en langage courant, ce qui ne s'éloigne pas trop de la manière de faire ou d'être du plus grand nombre : cet enfant a un appétit normal, cette femme n'a pas un comportement normal, le taux de cholestérol de cet homme est normal, etc… Comme l'anormal a parfois son écho dans ce qui peut se mesurer biologiquement, et que bien des caractères biométriques ont une fréquence qui se répartit symétriquement autour d'une moyenne selon un schéma statistique gaussien, le normal se réfère à une mesure du caractère proche de la moyenne.

Déjà là, du fait que la loi normale permet les valeurs extrêmes, la mathématique semble nous rappeler le proverbe : « *L'exception confirme la règle* » et nous mettre en garde contre un conformisme scientifique excessif.

Mais le mot « normal » a un autre usage en mathématique. Il désigne aussi la perpendiculaire en un point à une courbe ou à une surface. Dieu veut l'homme « normal ». Non pas au sens de suivre aveuglément le troupeau. Mais au sens d'être debout. Simplement.

7. ORTHOGONAL

Oh mon Dieu, qu'il y en a des croix sur cette terre Croix de bois, croix de fer, humbles croix familières Petites croix d'argent, qu'on pend sur les poitrines Grandes croix des couvents, perdues parmi les ruines.

Si le poète avait fait des mathématiques, il aurait pu chanter la même chanson. Car il y a beaucoup de croix dans le Calcul, si l'on identifie la perpendicularité, l'orthogonalité avec le symbole de la croix. Depuis l'angle droit de nos classes maternelles, jusqu'aux espaces préhilbertiens de la Physique moderne, en passant par la réduction de l'information statistique que propose l'Analyse factorielle, que de projections orthogonales, que de formes quadratiques, que de normes dérivant d'un produit scalaire ! Et pour en revenir à des réalités mathématiques simples, remarquons que les deux piliers de la Géométrie, que l'on doit à la science hellène, sont le théorème de PYTHAGORE et le théorème de THALES. L'un met en jeu le concept de perpendicularité et l'autre celui de parallélisme.

Ces deux concepts nous rappellent indirectement, me semble-t-il, que l'âme qui n'accepte pas que les choses restent ce qu'elles sont, rencontre la souffrance. Il n'est pas de renouvellement du monde, aussi infime soit-il, il n'est pas d'enfantement pour soi et pour autrui qui ne se fasse, peu ou prou, sans emprunter le chemin du Golgotha. Que ce soit individuellement ou collectivement, la différenciation intellectuelle à laquelle nous soumet la discipline scientifique va de pair avec une différenciation de nos sensibilités. Et le chemin de l'unité à retrouver est parfois crucifiant.

Te souviens-tu, André, nous révisions ensemble, à Roanne, notre baccalauréat de mathématiques élémentaires ? En cette fin de printemps de l'année 1956, nous gravissions à deux les premiers contreforts de cette montagne imaginaire que le philosophe Rudolph STEINER a appelé si pertinemment le calvaire de l'esprit : la science. Un après-midi, la tension fut trop forte. Lequel de nous deux dit alors : « *Un angle droit, comme c'est cruel !* » Et le fou-rire nous prit pour un long moment ; nous en oubliâmes nos soucis.

André devait vivre dans sa chair l'angle droit de la Croix. Quelques années plus tard, la maladie le saisissait au même moment où elle me saisissait moi-même. Le Seigneur a permis que je me libère de ses griffes, ce ne fut pas son cas. La distance était-elle trop grande entre le monde entrevu par sa culture et celui d'où il était issu ? Il passa sa vie en hôpital psychiatrique et mourut sur l'autoroute, près de Satolas, en voulant s'évader de sa prison, cherchant désespérément la lumière. Tout cela, je ne l'ai su que plus tard, par sa mère, qui me dit aussi qu'au travers de sa nuit, son fils ne perdit jamais confiance en l'homme de Nazareth.

J'espère revoir André MASSOL.

8. PARABOLE

« *Moi, je vous baptise d'eau pour vous amener à la repentance ; mais celui qui vient après moi est plus puissant que moi et je ne suis pas digne de porter ses souliers. Lui, il vous baptisera de Saint-Esprit et de feu. Il a son van à la main : il nettoiera son aire, et il amassera son blé dans le grenier, mais il brûlera la paille dans un feu qui ne s'éteint pas.* »

Eau et feu. Ainsi s'exprimait, il y a deux mille ans de cela, un homme vivant dans le désert, se nourrissant de miel sauvage et de sauterelles, celui que l'on dit le dernier des prophètes : JEAN LE BAPTISTE. Celui qu'il annonçait a usé de paraboles pour nous parler de son Père et du Royaume.

Eau et feu. On peut remarquer que la plupart des trajectoires paraboliques qui nous sont offertes dans la nature sont faites d'eau et de feu. Courbures argentées des cascades naturelles, envolées plus légères des jets d'eau agencés par l'homme, éruptions des rochers et des laves jaillissant des entrailles de la terre, exubérance multicolore des feux d'artifices, étincelles entourant le soudeur à l'arc…

La parabole est aussi une belle image mathématique des analogies dont Jésus usa pour nous instruire. La parabole est, en effet, la courbe plane – et la seule – qui a la propriété de réfléchir vers le même point les rayons lumineux venant de l'infini.

9. RENOUVELLEMENT

En Calcul des Probabilités, un processus de renouvellement se présente comme l'enchaînement successif d'une suite d'intervalles de temps satisfaisant tous à la même loi de probabilité. Le cadre formel où s'inscrivent les instants de renouvellement est ainsi la droite réelle. Parmi tous les processus de renouvellement, l'un d'entre eux joue un peu un rôle de locomotive : le processus de POISSON. C'est un bon modèle mathématique pour de nombreux phénomènes tant naturels que technologiques, comme, par exemple, les instants où la foudre éclate dans un orage, les dates de sinistres déclarées à une compagnie d'assurance, les instants où un compteur « Geiger » détecte une impulsion radioactive, etc…

Pour suggérer plus simplement l'extraordinaire paradoxe porté par le processus de POISSON, nous en ferons le rappel en sa chronologie discrète : on l'appelle alors le processus de PASCAL.

Lançons une pièce de monnaie toutes les secondes et intéressons-nous au temps qui s'écoule entre deux PILES.

Puisque notre pièce est supposée régulière et que les lancers sont indépendants, la probabilité pour que T soit égal à i (i = 1,2,3...) sera égale à $1/2^1$. On qualifie de géométrique une telle loi. Si, plutôt qu'une pièce, nous avions lancé un dé et que nous nous intéressions à la sortie du 6, la probabilité pour que T soit égale à i serait cette fois égale à $(1/6)(5/6)^{i-1}$. Ce serait encore une loi géométrique, mais de paramètres non symétriques.

Ce processus de PASCAL a la particularité extraordinaire suivante : quel que soit l'instant où l'on observe, l'attente de la prochaine réalisation ponctuelle – arrivée de PILE ou d'un 6 – est tributaire de la même loi de probabilité, la loi géométrique. Le processus repart à zéro, en quelque sorte à chaque instant : on dit que le processus ne « vieillit pas ». En d'autres termes encore, la mesure – probabiliste, certes, mais mathématique quand même – de la durée de l'attente de l'évènement, ne dépend pas de l'origine choisie sur l'axe du temps !

Une fois passée la surprise, il est facile de concevoir que ce temps d'attente est le même, mathématiquement parlant, quel que soit l'instant où l'on se met à attendre le prochain PILE ou le prochain 6 puisque notre pièce de monnaie ou notre 6 n'a pas de mémoire.

Ce qui est moins facile à concevoir, c'est la présence d'un « ordre » qui résiste à cette perte de mémoire, qui s'en accommode, mieux... qui s'en nourrit, sans rien perdre de sa vérité logique !

Laissons-nous guider par l'un parmi les exemples concrets qu'a choisi l'imaginaire mathématique pour tenter d'aller jusqu'à la parole du Dieu Vivant, lointainement et symboliquement cachée, me semble-t-il, dans ce paradoxe du non-vieillissement.

Le nom de POISSON a été donné au processus cité en souvenir de Siméon Denis POISSON, analyste français de la période post- révolutionnaire, qui contribua au développement du Calcul des Probabilités. Il s'avère aussi, par une étrange coïncidence de vocabulaire, que la suite des instants où un pécheur à la ligne est récompensé dans son attente par la prise d'un poisson, cette suite – ô surprise ! – se laisse bien représenter mathématiquement par un processus aléatoire de POISSON. Le paradoxe de non-vieillissement est alors bien connu des adeptes de la pêche à la ligne : il n'est pas de prime à l'attente et l'on se fait parfois doubler par le dernier arrivant !

Pêcheur à la ligne ou pécheur tout court ?

On peut apercevoir symboliquement derrière ce paradoxe mathématique du processus de POISSON, et derrière la grande importance technique de ce processus qui en sous-tend de multiples autres, un des paradoxes fondamental de l'Évangile, celui évoqué par Jésus dans la parabole de l'ouvrier de la onzième heure. Un ouvrier autant apprécié et récompensé par son maître que celui qui travaillait à sa vigne depuis l'aurore ou que celui qui se mit au travail à la mi-journée !

L'horloge du temps n'est pas la même pour l'homme et pour Dieu. Sa justice ne sera jamais celle des hommes, et nous ne manquerons jamais d'en être étonnés, voire scandalisés, comme le fils vertueux jaloux de la joie de son père retrouvant le fils perdu. Pensez donc : un criminel, un tortionnaire, entrant de plain-pied dans le Royaume, au même titre que tant d'honnêtes gens, s'il lui arrive de rencontrer l'amour, s'il lui arrive de reconnaître le visage de son Dieu en celui qu'il a défiguré, s'il demande humblement pardon.

Est-ce notre vertu, notre patience qui nous rapproche de Dieu ? Ne serait-ce pas plutôt la confiance que nous mettons en Lui, au-delà des fautes que nous avons pu commettre, si graves soient-elles ?

Terrible liberté de l'Amour…

« *Ne m'est-il pas permis de faire de mon bien ce que je veux ? Ou vois-tu de mauvais œil que je sois bon ?* »

10. TRIVIAL

Le mot trivial ne signifie, en mathématique, ni grossier, ni vulgaire, ni gaulois. Il qualifie un enchaînement logique évident, une démonstration particulièrement facile. Il est lié à un paradoxe qui me semble pertinent quant à nos rapports avec l'invisible, et avec… l'alliance que Dieu nous propose !

Pour qu'un problème mathématique soit facile à résoudre, il faut qu'il soit simple. Mais point trop. L'imagination est parfois paralysée par une solution évidente. On ne voit pas ce qui saute aux yeux. Il en va ainsi quand on demande à un étudiant de donner le développement limité d'une fonction polynôme au voisinage de x = 0 ou encore quand on cherche à prouver l'unicité de l'élément neutre d'une loi de groupe. Ou encore si l'on demande une solution de l'équation : $x^3 + y^3 = z^3$.

S'il est parfois difficile d'être bien dans sa peau d'ici-bas, c'est peut-être qu'on va chercher trop loin le bonheur et qu'on oublie qu'il est fait de petites choses insignifiantes : « *Le Royaume des Cieux ne vient pas de manière à frapper les regards. On ne dira point : Il est ici ou Il est là. Car voici, le Royaume des Cieux est au milieu de vous.* »

La morale chrétienne, une morale exigeante ? « *Donc tout ce que vous voudriez que les hommes fissent pour vous, faites-le pareillement pour eux.* »

Dieu ? Et si nous ne le voyions pas parce qu'Il est trop près, trop présent ? Et s'Il était l'unique fleur qui s'offre à tout instant mais qu'on ne peut cueillir ? Oui, Dieu est peut-être trivial. Simple. Trop simple. Se pourrait-il que toute une vie nous soit nécessaire pour pressentir certaines évidences qui nous échappent ?

En dépit de son pessimisme, il doit y avoir une part de vérité dans le proverbe arabe qui dit : « *La chance est comme un oiseau qui passe sans bruit dans le dos d'un aveugle.* »

ÉPILOGUE

Ce devait être aux environs des années 1980. Entre deux cours de mathématiques, j'arpentais la belle place Saint-Léger à Chambéry, celle qui, par ses couleurs, nous rappelle la proximité de la riante Italie. Située entre le café de l'Horloge et la rue Croix d'Or, un peu à droite de la fontaine, une pancarte attira mon attention. Un grand panneau proclamait en lettres blanches sur fond noir : « *La connaissance vous perdra.* »

Quelques jours plus tard, le panneau avait disparu. L'avais-je seulement rêvé ?

Dans le désordre et le bruit qui montent, au milieu des pollutions physiques et morales qui nous envahissent, pourrons-nous continuer à nous attarder sur la beauté d'une équation ? Pourrons-nous éviter que la Connaissance soit mise au service des apprentis-sorciers et précipite la fin des temps ?

Les mots culture, culte et cultiver ont même racine étymologique. Puissent s'en souvenir ceux qui sont attachés à la culture à l'heure où les œuvres humaines, fussent-elles matérielles ou culturelles, cachent par leur profusion la source qui les a suscitées.

Pour autant, gardons foi et confiance en l'avenir. Les traces de Celui qui accompagne notre histoire, si elles s'inscrivent dans la musique savante des nombres et des formes, s'inscrivent d'abord dans le quotidien le plus banal. Tandis que je finissais d'écrire ce livre, la chatte de nos voisins émigrait vers notre demeure. Puis elle choisit un coin discret de mon bureau pour donner la vie à trois chatons, aujourd'hui vigoureux. Si peu que ce soit, il m'a semblé voir dans ce petit événement l'« *imprimatur* » discret de Celui qui est la vie.

BIBLIOGRAPHIE

L'essentiel de cet ouvrage est le fruit de méditations personnelles auxquelles se sont agrégé des souvenirs et des lectures.

Il m'est arrivé, toutefois, de me servir d'informations prises dans le « *Dictionnaire des Mathématiques* », écrit sous la direction de François LE LYONNAIS et édité aux P.U.F. ou encore dans le livre « *Histoire des Mathématiques* » écrit par Jean-Paul COLETTE et édité chez VUIBERT/ERPI.

Il est deux autres livres dans lesquels j'ai « pioché » quelques passages. Celui, très pertinent de Yasmina LIASSINE : « *Les Mathématiques dans l'ensemble* », paru aux éditions GALLIMARD, m'a été utile pour parler des fractals et d'une figure féminine de l'histoire du Calcul. Celui écrit par Keith DEVLIN : « *Mathématiques. Un nouvel âge d'or* », paru aux éditions MASSON, m'a permis de parler de Paul COHEN et de ses découvertes.

J'ai aussi été inspiré par quelques articles dans les bulletins de l'A.P.M. – Association des Professeurs de Mathématiques – ou dans d'autres revues scientifiques. En particulier, je suis reconnaissant à la revue « *Tangente* » de m'avoir fourni les principales anecdotes historiques qui émaillent ce livre.

Les citations bibliques sont le plus souvent extraites de « *La Bible de Jérusalem* », éditée aux éditions du Cerf.

Pour ceux qu'intéressent la vie des savants cités dans ce livre, signalons que, parmi d'autres, la correspondance CANTOR-DEDEKIND est traduite dans le livre « *Philosophie Mathématique* » écrit par CAVATELES et publié aux éditions HERMANN en 1962 et que Jacqueline DETRAZ a publié aux éditions BELIN une biographie : « *Kovalevskaïa, l'aventure d'une mathématicienne* ».

TABLE DES MATIÈRES